Detlef Soost
Scheiß drauf, mach's einfach

Detlef Soost mit Christiane Stella Bongertz

SCHEISS DRAUF, MACH'S EINFACH

ÜBERWINDE DEINE ÄNGSTE UND LEBE DEIN LEBEN

PIPER

Mehr über unsere Autoren und Bücher:
www.piper.de

MIX
Papier aus verantwor-
tungsvollen Quellen
FSC® C083411

FSC
www.fsc.org

ISBN 978-3-492-06176-6
© Piper Verlag GmbH, München 2020
Illustrationen: Sven Binner
Abbildungen: Designed by Freepik (Kreuz);
Shutterstock (Blatt Papier; Post-it; Textmarker)
Satz: psb, Berlin
Gesetzt aus der Scala Pro
Litho: Lorenz & Zeller, Inning am Ammersee
Druck und Bindung: CPI books GmbH, Moravia
Printed in the EU

INHALT

VORWORT – FÜNF SCHRITTE IN EIN NEUES LEBEN

Hallo, meine liebe Leserin!
Hallo, mein lieber Leser!

Du willst also dein Leben verändern! Die Zukunft in die Hand nehmen und sie großartig machen. Von der Schattenseite auf die Sonnenseite wechseln. Das ist super! Vielleicht weißt du schon ziemlich genau, was und wohin du willst. Vielleicht nur ungefähr. Möglicherweise weißt du aber auch nur, was du auf gar keinen Fall mehr möchtest. Aber du weißt, dass alles anders werden muss. Besser nämlich – logisch! Nein, nicht nur besser: so großartig, wie es nur geht! Egal, wo du gerade stehst: Ich werde dir dabei helfen, deine Vision zu entwickeln und sie dann auch wahr zu machen.

Falls du dich fragst, ob du das auch wirklich schaffen kannst, möchte ich dich beruhigen. Ich kenne das! Zweifel war lange Zeit mein zweiter Vorname. Bei jeder Unternehmung habe ich mich gefragt: Und wenn es nicht klappt? Was machst du, wenn es schiefgeht? Bist du überhaupt gut genug, um das zu schaffen? Diese ganzen typischen Zweifel waren meine täglichen Begleiter, und sie haben mich in ganz schön vertrackte Situationen manövriert, von denen ich noch erzählen werde. Situationen, in denen andere vielleicht aufgegeben hätten.

Doch dann, gerade rechtzeitig, habe ich etwas gelernt. Nämlich, dass mit der richtigen Einstellung, den richtigen Gedanken, nahezu alles möglich ist. Alles, was wir uns nur vorstellen können. So wie ich früher gezweifelt habe, so weiß ich heute, dass Ängste sich verkrümeln, wenn man mit ihnen Tango tanzt und mutig vorangeht. Ich weiß, dass die Dinge funktionieren können, wenn man sich entscheidet, sie konsequent zu verfolgen. Wenn man sich entscheidet, zu handeln. Jeder, auch du, kann sich am eigenen Kragen aus dem größten Schlamassel ziehen. Du kannst deine Träume verwirklichen. Deine Herzenswünsche in die Tat umsetzen. Du kannst jeden Bereich deines Lebens zum Strahlen bringen. Die einzige Voraussetzung, die du dafür mitbringen musst, ist: Du musst es wirklich von ganzem Herzen wollen. Dann kannst du sogar reich und berühmt werden. Ohne Quatsch. Vielleicht willst du aber auch einfach nervige alte Gewohnheiten abschütteln. Eine sportliche Herausforderung meistern. Oder fünfzehn Kilo abnehmen. Es ist total egal, was du willst – vorausgesetzt natürlich, es schadet niemand anderem –, du kannst es mit dem richtigen *Mindset* erreichen. Auch für jedes Problem gibt es Lösungen, wenn du ihm nur entgegentrittst und dich der Konfrontation stellst.

Mittlerweile habe ich es geschafft, mir ein Verhalten anzugewöhnen, das mich fast immer auf Erfolgskurs bringt – egal, was ich mir zum Ziel gesetzt habe. Ich weiß, wie ich mich motiviere, wie ich die Dinge ins Rollen bringe. Und wie ich jeden Tag zu einem megageilen Abenteuer voller Liebe und Spaß mache. Es ist an der Zeit, dass ich dieses Wissen weitergebe!

Ich will dich dabei unterstützen, die Fäden deines Lebens in die Hand zu nehmen und es so fantastisch zu machen, wie du es verdienst. Dazu habe ich ein Programm entwickelt, das aus fünf Schritten besteht und dein Vorhaben auf die Gleise in Richtung Erfolg lenkt.

Komm mit, dann zeige ich dir meine *five steps to success*!

Dein Detlef Soost

STEP 1
DEINE VISION

1 WARUM DU EINE VISION BRAUCHST

»Jedes starke Bild wird Wirklichkeit.«
Antoine de Saint-Exupéry

Du hast bestimmt schon mal gehört, dass jedem großen Erfolg eine

VISION

zugrunde liegt. Woran denkst du bei diesem Wort? Für mich klang »Vision« lange nach einer ziemlich großen Sache. Ich dachte an Ingenieure, die morgens mit dem Plan für eine bahnbrechende Erfindung im Kopf wach werden und das Teil dann nur noch bauen müssen. Oder an Hellseher, die in die Zukunft gucken und sie vorhersagen können. Ich dachte an Eingebungen, die wie ein Blitz – bsssst! – von außen kommen und die nichts mit der Person zu tun haben, die die Vision hat. Darum dachte ich auch, Visionen wären nichts für Normalsterbliche. Also nichts für mich. Inzwischen weiß ich: Das ist totaler Quatsch! Eine Vision kommt nämlich nicht von außen, sondern von innen. Sie ist nichts anderes als ein fantastisches Werkzeug. Das Beste daran: Sie ist ein Werkzeug, das jeder Mensch benutzen kann, um alles zu erreichen, was er oder sie erreichen möchte.

Auch du!

Der Begriff »Vision« kommt vom lateinischen Wort *visio*

und bedeutet »Anblick«. Eine Vision ist eine plastische Vorstellung davon, was dich erwartet, wenn du ein bestimmtes Ziel erreicht hast. Ein mentales Bild. Und zwar nicht nur irgendein Bild, sondern eines, das positive Emotionen in dir auslöst. Eines, das dich begeistert. Weil es dir nämlich in deinem Kopf die Zukunft bereits genau so präsentiert, wie *du* sie haben möchtest. Eine Vision motiviert dich, dich auf den Weg zu deinem Ziel zu machen – und ihn zu gehen, bis du es erreicht hast. Eine Vision kann aber noch mehr: Sie gibt dir auf dem Weg Orientierung. Das ist so ähnlich wie bei den Seefahrern in den Jahrtausenden vor der Erfindung von Kompass, Radar und GPS. Um ihren Weg übers Meer zu finden, benutzten sie einen Leitstern. Das war auf der Nordhalbkugel der Polarstern, auf der Südhalbkugel das Sternbild »Kreuz des Südens« mit vier hellen, deutlich sichtbaren Sternen. Anhand dieser Leitsterne konnten sie ihre Karten immer ganz genau so ausrichten, dass sie auf ihrem Kurs blieben, um letztlich das geplante Ziel zu erreichen. Dabei waren sie allerdings auf gute Sicht angewiesen. Verdeckten Wolken die Sterne, kamen sie manchmal vorübergehend von ihrer Route ab. Doch sobald der Sternenhimmel wieder klar wurde, war es easy, das Schiff wieder auf Kurs zu bringen. Dazu mussten sie nur den Leitstern oder die Leitsterne deutlich vor sich sehen.

Auch eine Vision kann mal von Wolken verdeckt werden. Das passiert, wenn du zwischendurch zu abgelenkt bist, um dein Ziel zu verfolgen. Anders als die Seeleute kannst du diese Wolken aber selbst wegpusten. Du brauchst dich nur an deine Vision zu erinnern und sie dir wieder klar vor Augen zu führen. Sie ist in deinem Kopf. Immer für dich da. Wie die Leitsterne der Seefahrer* hilft sie dir, in jeder

---

* Eine wichtige Anmerkung: Wenn ich in diesem Buch, wie hier, die männliche Form eines Wortes verwende und nicht auch ▶

Situation zu erkennen, wo du dich im Verhältnis zu deinem Ziel befindest – und wenn du das weißt, kannst du wieder mit voller Kraft auf dein Ziel zusteuern. Die Vision hilft dir, Chancen zu erkennen und zu ergreifen, die dich deinem Ziel näher bringen. Sie hilft dir, immer auf Kurs zu bleiben.

Um zu verdeutlichen, welche Kraft eine Vision hat, möchte dir eine kleine, wahre Geschichte erzählen. Sie zeigt dir auch, wie eine Vision die Welt wie von Zauberhand nach ihrem Vorbild formt und wie dadurch eine gute Idee zu einem gigantischen Erfolg werden kann.

Der Tisch mit den drei lockeren Schrauben

Es ist die Mitte der Fünfzigerjahre. Zwei junge Männer schlagen sich die Nacht mit Arbeit um die Ohren: Sie arrangieren und fotografieren Möbel für einen Katalog. Es geht auf den Morgen zu und die Männer sind müde. Gleich werden sie die Möbel verladen und nach Hause fahren. Doch plötzlich hält einer der beiden inne. Er betrachtet nachdenklich den dreibeinigen, wie ein Blatt geformten Beistelltisch, der vor ihnen steht, und sagt: »Also, der ist wirklich ganz schön sperrig.« Nach einer kurzen Pause ergänzt er: »Aber weißt du was?« Als der zweite Mann ihn fragend anschaut, geht der erste zum Tisch und dreht ihn herum. Er schraubt das erste Bein heraus, dann das zweite und dritte. »Man kann die Beine abschrauben, dann wird er ganz flach.« Die beiden wechseln noch einmal einen vielsagenden Blick. Dann murmelt der zweite Mann: »Genial! So machen wir's!«

▸ noch die weibliche dazu, hat das alleine praktische Gründe der Lesbarkeit. Auch meine Leserinnen denke ich selbstverständlich mit, wenn ich etwa von »Partner« oder »Freund« spreche.

Was glaubst du? Um was ging es in diesem Wortwechsel? Vielleicht denkst du, dass sich die kurze Unterhaltung der beiden Männer nur darum drehte, wie sie den Tisch nach der Fotosession am besten im Auto oder Möbellager verstauen konnten, damit sie nach der arbeitsreichen Nacht schnell nach Hause fahren konnten.

Aber in diesem Wortwechsel ging es um viel mehr.

Ich möchte dir noch etwas mehr über die Männer erzählen. Bei einem der beiden handelte es sich um einen Bauernsohn. Er hatte schon zehn Jahre zuvor, als Siebzehnjähriger, sein Unternehmen gegründet. Der andere Mann war ein guter Freund von ihm, der Bauernsohn hatte ihn zum Marketingchef gemacht. Das Besondere war, dass diese beiden Freunde eine gemeinsame Vision teilten. Einen Gedanken, den sie bei all ihren Unternehmungen immer im Hinterkopf hatten. Nämlich *ein Möbelgeschäft, das günstige Designmöbel für alle anbietet,* zu erschaffen. Damals war das eine Marktlücke. Schöne, praktische *und* erschwingliche Möbel waren in den Vierziger- und Fünfzigerjahren nicht selbstverständlich. Das, was günstig war, war oft nicht schön. Und das, was schön war, war nicht günstig und häufig auch nicht praktisch. Damit Möbel für jeden erschwinglich werden konnten, musste ihre Herstellung, ihr Transport, der Zusammenbau und auch die Lagerung logischerweise möglichst kostengünstig sein – diese Grundvoraussetzungen waren in der Vision bereits enthalten.

Die Brille ihrer Vision filterte nun das, was die beiden Männer sahen. Sie erkannten in dem Tisch mit den abschraubbaren Beinen sofort viel mehr als nur eine Möglichkeit, dieses eine Möbelstück ein einziges Mal bequem zu transportieren. Sie sahen ein Möbel, das man in einen flachen Karton stecken und damit nicht nur platzsparend, sondern vor allem preiswert transportieren, lagern und verschicken konnte. Sie sahen ein Möbel, das der Käufer selbst zusammenbauen konnte. Das heißt, sie sahen ein Möbel, das sie deutlich billiger anbieten konnten als die Konkurrenz.

Das war aber noch nicht alles: Ihre Vision in Kombination mit diesem blattförmigen Tisch kitzelte aus der Vorstellung der Männer noch eine Idee hervor: die Möbel nicht mehr extern einzukaufen, sondern sie selbst zu entwerfen. Nämlich nach genau diesen Vorgaben – flach zusammenlegbar und selbst montierbar. Kurz: Die Männer sahen ein unglaubliches Potenzial. Dank der klaren Vision in ihren Köpfen wurden der Tisch vor ihnen und alle Ideen, auf die er sie brachte, sofort in die Vision integriert. Die Vision zeigte ihnen genau, was sie zu tun hatten.

Der Name des Bauernsohns lautete Ingvar Kamprad. Seinen Firmennamen hatte er aus den Anfangsbuchstaben seines Vor- und Nachnamens, des Bauernhofes Elmtaryd seiner Eltern und des schwedischen Dorfes Agunnaryd, zu dem der Hof gehörte, konstruiert. Dabei war das etwas merkwürdige Wort »Ikea« herausgekommen. Der andere junge Mann hieß Gillis Lundgren. Mit ihm als Chefdesigner begann man bei Ikea bald, die Möbel selbst zu entwerfen. Alle natürlich flach zusammenlegbar und selbst montierbar. Dank dieser Innovation, die es so zuvor nicht gegeben hatte, schaffte das Möbelhaus den internationalen Durchbruch. Ikea ist heute in 25 Ländern der Welt vertreten und wahrscheinlich das bekannteste Möbelgeschäft aller Zeiten. Ingvar Kamprad wurde zu einem der reichsten Menschen der Welt und blieb es für lange Zeit, bevor er 2018 starb. Und sein Freund Gillis hat sein Leben lang zunächst als Marketingchef, dann als Chefdesigner und später als Berater für Ikea gearbeitet. Er hat unter anderem das Bücherregal »Billy« entworfen, ein All-Time-Bestseller der Firma. Natürlich zum Selbstzusammenbauen zu Hause.*

* Fürs Protokoll: Ich habe mir bei der Ausgestaltung der ▸

> »*Eine Vision ist die Kunst, Unsichtbares zu sehen.*«
> Jonathan Swift

AUCH DU KANNST DEINE TRÄUME WAHR MACHEN!

Ich finde diese Geschichte großartig. Sie verdeutlicht nicht nur die Power von Visionen. Sie zeigt dir außerdem: Egal, was du gerne erreichen möchtest, du brauchst nur eine klare Vorstellung, dann formt sich die Wirklichkeit ganz automatisch danach und macht die Vorstellung zur Realität. So lässt dich eine Vision tatsächlich in die Zukunft gucken. Aber nicht, weil die Zukunft von irgendeiner höheren Macht vorbestimmt ist. Sondern weil es in *deiner* Macht steht, sie zu gestalten. Nach *deinen* Ideen. Das bedeutet: Deine Träume müssen keine bleiben. Allerdings darfst du es dann auch nicht beim Träumen belassen. Du brauchst so eine Vision. Dazu musst du zunächst deinen Traum zu einem ganz konkreten Ziel machen und von diesem Ziel dann eine Vision entwickeln, die dich inspiriert. Das heißt ein Bild, das dich einerseits so richtig motiviert und dir andererseits wie die

▸ Geschichte rund um den dreibeinigen Tisch etwas künstlerische Freiheit gestattet. In Interviews haben Ikea-Gründer Ingvar Kamprad und sein Chefdesigner Gillis Lundgren wiederholt erzählt, dass ihnen die bahnbrechende Idee bei einem nächtlichen Fotoshooting für den neuen Ikea-Katalog gekommen sei – nämlich, als Gillis Lundgren den Tisch »Lövet« (»das Blatt«) kritisch musterte und darauf kam, dass die Beine abschraubbar waren und so der ganze Tisch in einem flachen Paket Platz fand. Ob der Dialog und die Geschehnisse wirklich exakt so abgelaufen sind wie hier beschrieben, kann ich allerdings nicht beschwören, aber so stelle ich mir die Szene vor.

Leitsterne der Seefahrer Orientierung gibt, wo die Reise hingeht. Damit hast du bereits das Wichtigste erledigt, um diese Vision wahr werden zu lassen. Danach musst du »nur« noch daran festhalten und auf dein Ziel zugehen. So lange, bis du es erreicht hast und deine Vision Realität geworden ist.

Das Grundprinzip ist tatsächlich so einfach.

Okay, vielleicht denkst du jetzt, der Detlef kann mir viel erzählen, so easy ist es aber nicht. Ich habe mir schon so oft Dinge vorgenommen und bin dann grandios an ihrer Umsetzung gescheitert. Lass mich dir beweisen, dass ich recht habe. Du erlebst nämlich täglich im Kleinen, dass Visionen funktionieren und wie sie es tun!

Nehmen wir mal an, du bekommst Appetit auf was Süßes. Du findest, dass es schön wäre, jetzt so eine richtig köstliche Schweinerei zu schlemmen. Während du so darüber nachdenkst, erscheint vor deinem geistigen Auge ein riesiger Eisbecher mit Schokoladeneis und Sahne. Dir läuft sofort das Wasser im Mund zusammen. Du weißt genau: Das ist es, was du willst! In diesem Moment hast du aus deiner Idee, etwas Süßes essen zu wollen, eine Vision gemacht. Wärest du eine Comicfigur, würde man in der Denkblase über deinem Kopf den Schokoladeneisbecher sehen. Dank dieser Vision weißt du nun genau, was du tun musst: Du musst zu der Eisdiele in der Fußgängerzone gehen, wo es genau solche Eisbecher gibt. Ein paar Minuten später sitzt du dort und freust dich über dein superleckeres Eis. Zack, Mission accomplished!

Oder: Du willst dich nach Feierabend entspannen und überlegst, worauf du Lust hast. Je nach Jahreszeit und je nachdem, was du gerne tust und entspannend findest, erscheint nun in deinem Kopf ein Bild – eben eine Vision. Vielleicht von einem Filmmarathon mit Popcorn. Vielleicht von einem gemütlichen Abend mit Rotwein, Pizza und Tiramisu. Vielleicht von einem Spaziergang durch den Park, einer Yoga-Session, einem Buch mit einer Tasse Tee auf dem Sofa oder einer Joggingrunde. Auch diese Vision motiviert dich, sie in die Tat umzusetzen – und das tust du dann auch. Hier gilt das gleiche Prinzip: Von der Idee bis zur Vision ist es nur ein winziger Sprung. Hast du einmal eine Vision, ist die Umsetzung oft nur noch reine Formsache.

Um dir das Prinzip zu verdeutlichen, habe ich gerade absichtlich Beispiele gewählt, bei denen die Übersetzung von einer Idee in eine Vision und von dieser Vision in die Realität sehr schnell geht. Denn dann kannst du es jetzt gleich ausprobieren. Frage dich: Worauf habe ich gerade Lust? Eine Tasse Kaffee? Einen Keks? Ein Glas Wasser? Einen kleinen Spaziergang? Sobald du eine Idee hast, beobachte, wie dein Ziel zu einer Vorstellung in deinem Kopf wird. Beobachte, wie dieses mentale Bild dir einen Handlungsplan vorgibt. Und wie du die Vision schließlich umsetzt.

VOM TRAUM ZUR VISION IN EINER NACHT

Ich will dir auch noch ein Beispiel für eine Vision aus meinem Leben geben. Wenn du schon mal Probleme mit deinem Gewicht hattest, kannst du dich damit bestimmt identifizieren. Vor einigen Jahren hatte ich ein paar Visionen von Eisbechern, Pizza und Tiramisu zu viel und deutlich zu wenige Visionen von Joggingrunden und Yoga-Sessions: Bei einer Größe von eins neunzig wog ich plötzlich 123 Kilo! Ich fühlte mich nicht mehr wohl und konnte mein Spiegelbild nicht mehr leiden. Aber auf eine Diät hatte ich keine Lust. Diät klang irgendwie trostlos und nach Verzicht. Die Vorstellung von Kalorienzählen und Salatblättern riss mich, im wahrsten Sinne, nicht von meinem bequemen Hocker. Doch dann hatte ich plötzlich nachts einen Traum: Ich sah mich mit Sixpack auf dem Cover einer Fitnesszeitschrift! Sogar im Traum war das ein total geiles Gefühl. So überwältigend, dass ich davon aufwachte! Ich lag im Dunkeln im Bett und spürte meinen »anderen« Körper, also den trainierten mit dem Sixpack aus dem Traum, unter meinem Speck. Er war schon da! Mein Unterbewusstsein hatte aus meinem Wunsch, endlich wieder schlanker und sportlicher zu sein, eine echte Vision gemacht und sie mir im Traum präsentiert. Ich fasste sofort den Entschluss: Diesen Körper hole ich unter dem Speck hervor. Das bleibt kein Wunschtraum, diese Vision verfolge ich jetzt. Konsequent.

Dein Unterbewusstsein

Ich werde in diesem und in allen anderen Kapiteln immer wieder von deinem Unterbewusstsein sprechen. Das ist die Schaltzentrale in deinem Kopf, die bei allen automatisch ablaufenden Handlungen (und das sind die meisten!) die Finger im Spiel hat. Genau genommen ist das Unterbewusstsein ein Netzwerk aus Nervenzellen im Gehirn, das deine Erfahrungen, Gewohnheiten und alles Gelernte speichert und deine Wahrnehmung und Handlungen unsichtbar lenkt, damit du nicht bei jedem Handgriff und jedem Schritt nachdenken musst. Ohne Unterbewusstsein wärst du hilflos wie ein Baby und würdest bei allem, was du tust, immer wieder von null anfangen. Alles würde endlos dauern, weil du keine Routinen hast. Wenn du dein Unterbewusstsein mit den richtigen Informationen fütterst, ist es dein wertvollster Helfer auf dem Weg zum Erfolg.

Natürlich war ich nicht so schnell durchtrainiert und schlank, wie man einen Eisbecher verdrückt. Das Wahrmachen dieser Vision hat schon ein paar Monate schweißtreibender Action mit festen Trainingsplänen und gesunder, eiweißreicher Ernährung erfordert. Aber ich war voll motiviert, denn ich hatte dabei immer das absolut lebensechte Bild aus dem Traum vor Augen: Ich mit supergeil definiertem Sixpack auf der Zeitschrift. Und nicht nur das: Wenn ich die Augen zumachte und mich konzentrierte, konnte ich immer noch meinen Traumkörper spüren. Die Vision war sozusagen multisensorisch. Und wie die Vision von Ingvar Kamprad und seinem Freund Gillis hat sie meine Wahrnehmung gefiltert. Wie ein Scheinwerfer, der mir den Weg ausleuchtete. So konnte ich beim Erreichen meines Zieles immer die beste Wahl treffen. Im Restaurant leuchtete mir auf der Speisekarte automatisch die beste Option entgegen. Zum Beispiel der vitaminreiche Salat mit gegrilltem Fisch. Vorher hätte mich vermutlich die fettige Lasagne ein paar Zeilen tiefer angemacht. Stand ich vor der Wahl, für ein, zwei Kilometer die Bahn zu nehmen oder zu Fuß zu gehen, ging ich. Morgens nach dem Aufwachen sprang ich aus dem

Bett, um mein Workout zu machen – in Zeiten vor meiner Vision hätte ich noch eine halbe Stunde weitergeschlafen.

Mein Vorhaben hatte sich bis in die Redaktion von *Fit for Fun* rumgesprochen und eines Morgens rief mich ein Redakteur an. Er sah die Chance für eine tolle Coverstory darüber, wie man sich für seine Fitnessziele motiviert und sie erreicht. Jetzt hatte ich tatsächlich mein Sixpack-Titelbild in Aussicht! Jeden Tag konnte ich im Spiegel sehen, wie ich meiner Vision Stück für Stück näher kam. Und eines Tages war es so weit: Ich sah genauso aus, wie ich es mir vorgestellt hatte. Eins zu eins. Der Traum war dank meiner Vision zur Wirklichkeit geworden. Das Titelbild hängt heute gerahmt bei mir an der Wand – und erinnert mich immer an diesen geilen Erfolg aus eigener Kraft. Es erinnert mich daran, dass ich schaffen kann, was ich will.

Doch nicht nur das: Meine Vision war zwar ursprünglich gar nicht als langfristiges Vorhaben angelegt wie Ingvar Kamprads Unternehmensvision, aber sie ist weiterhin aktiv. Das Bild meines »besten Ichs« ist fest in meinem Unterbewusstsein installiert. Darum habe ich bisher keinen Rückfall in speckige Zeiten gehabt. Seit mittlerweile zehn Jahren. Die gesunden Verhaltensweisen, die ich mir angewöhnt habe, sind mir in Fleisch und Blut übergegangen. Ich fühle mich so gut mit meiner Ernährung und meinem Training, dass ich auf Ungesundes gar keine Lust habe.

Stell dir aber einmal vor, ich hätte keine Vision gehabt, sondern mich zu einer Diät gezwungen, die mir zum Beispiel mein Arzt verordnet hätte. Ich bin überzeugt, dass dann alles anders gekommen wäre. Bestimmt hätte ich wie die meisten Menschen, die eine Diät machen, einen Jo-Jo-Effekt erlebt, weil ich hinterher wieder in alte Verhaltensweisen zurückgefallen wäre. So aber kam meine Motivation von innen. Ich musste nicht abnehmen. Ich *wollte* abnehmen. Genau das unterscheidet ein dank motivierender

Vision mit Vollgas verfolgtes Ziel von einem Ziel, das dir nur wenig bedeutet. Und genau darum brauchst auch du eine positive Vision, wenn du dein Leben dauerhaft zum Besseren verändern willst.

Zusammenfassung der wichtigsten Punkte dieses Kapitels:

✖ Eine Vision ist ein lebendiges Bild von einem Ziel in deinem Kopf, das dir beim Verwirklichen dieses Ziels enorm hilft.

✖ Eine Vision filtert deine Wahrnehmung und macht dich auf gute Gelegenheiten aufmerksam, die dich schneller zum Ziel führen.

✖ Wenn du Visionen von deinen Träumen entwickelst, kannst du die Wirklichkeit erschaffen, die du dir wünschst!

2 HOL DIR DAS KOMMANDO ÜBER DEIN LEBEN ZURÜCK

>> *Nur wer sein Ziel kennt, findet den Weg.* <<
Laozi

Du hast im vorigen Kapitel gesehen, wie viel Power positive Gedanken in Form einer Vision haben. Eine Vision gibt dir das Steuer in deinem Leben in die Hand. Je deutlicher du vor dir siehst, was du erreichen möchtest, umso klarer erkennst du den Weg zum Ziel. Bevor du so eine Vision entwickeln kannst, muss allerdings eine wichtige Bedingung erfüllt sein:

DU MUSST WISSEN, WAS DU WILLST.

Vielleicht rufst du jetzt: Ja! Weiß ich doch! Ich will: endlich abnehmen / ein Buch schreiben / wohlhabend werden / ein Restaurant aufmachen / mit dem Rauchen aufhören / auswandern / Gitarre lernen / regelmäßig trainieren, um meine Traumfigur zu erreichen / mich wieder mehr um meine Freunde kümmern / endlich keinen Stress mehr haben / eine Weltreise machen / Fotografie studieren / mich gesünder ernähren / mein Abi nachholen / ein Start-up gründen / ein Sabbatical machen oder, oder, oder.
　　Hast du bereits eine solch klare Vorstellung von dem,

was du erreichen willst, und platzt du schon vor Ungeduld, dann kannst du jetzt zur Zusammenfassung am Ende dieses Kapitels springen und nur sie lesen. Danach kannst du direkt zu Kapitel vier gehen. Dort wartet ein Vorsätze-Casting auf dich, womit du deine Ziele in eine sinnvolle Reihenfolge bringen kannst. Mein Tipp ist allerdings, zu diesem Kapitel zurückzukommen, sobald du deine erste Ungeduld befriedigt und dein dringendstes Vorhaben auf den Weg gebracht hast. Jedenfalls dann, wenn du *dein* ganz persönliches Traumleben nicht nur in einem Bereich leben willst, sondern in allen.

Vielleicht bist du aber noch nicht ganz so weit.

Vielleicht hat dich ein Freund auf der letzten Silvesterparty gefragt, ob du dir irgendwas fürs neue Jahr vornimmst. Du hast erst den Kopf geschüttelt und dann angefangen zu grübeln. Du findest dein Leben zwar irgendwie okay. Bei genauerem Nachdenken ist es aber auch nicht so, wie du es dir irgendwann mal erträumt hattest. Damals, nach der Schule. Du ahnst: So richtig schöpfst du dein Potenzial nicht aus. Da geht mehr! Wenn du nur ... ja, was tun würdest? Darauf fällt dir keine Antwort ein.

Vielleicht ist es auch umgekehrt: Du hast so viele Spitzenideen, was du mit deinem Leben anstellen möchtest, dass dich alle gleichermaßen magnetisch anziehen. Das Ergebnis ist dann leider, dass du wie gelähmt zwischen all diesen »Magneten« in der Mitte schwebst und keinem Vorhaben den Vorzug gibst. Dadurch bleibt alles, wie es ist.

Vielleicht steckst du auch in einer Situation fest, die dich belastet. In einem Job, den du hasst oder der dich zumindest selten mit fettem Grinsen durch die Gegend laufen lässt. Oder in einer Beziehung, die nicht mehr so schön ist, wie sie einmal war. Oder du befindest dich in einer Ausbildung, die vor allem deinen Eltern und dem Berufsberater gefällt, weniger dir selbst. Du weißt, da läuft was falsch. Aber wie du daraus ausbrichst und was es stattdessen sein soll, ist dir noch nicht so richtig klar.

Oder du findest dich plötzlich und unerwartet in einer völlig neuen Situation wieder. Zum Beispiel nach einer Trennung, einer Kündigung oder nachdem dir dein Arzt ein schweres Burn-out diagnostiziert hat. Jetzt willst oder musst du dein Leben neu ordnen. Aber du weißt auch nicht so recht, wo du anfangen und wie du vorgehen sollst.

Dann lies hier weiter.

LEBST DU DEIN LEBEN – ODER WIRST DU GELEBT?

Mit Unschlüssigkeit und Unsicherheit, egal aus welchem Grund, stehst du nicht allein da. Vielen Menschen ist absolut klar, dass es ihnen mit ihrem Status quo nicht gut geht. Oder zumindest nicht so gut geht, wie es möglich wäre. Sie wissen, dass sie irgendetwas tun müssten, um das zu ändern. Aber weil sie keine Ahnung haben, wo sie eigentlich stattdessen hinwollen, verharren sie wie ein paralysiertes Kaninchen vor der Schlange in einer suboptimalen Situation. Sie werden von den Umständen gelebt statt ihr Leben in die Hand zu nehmen und selbst zu bestimmen, was Sache ist. Oft ist der Grund dieser Unschlüssigkeit, dass sie eine unbewusste Angst davor haben, sich einzugestehen, was sie wirklich tun wollen.

Du kannst dir das so vorstellen, als stündest du an einer viel befahrenen Kreuzung im Abgasdunst und bliebest dort einfach stehen. Und das, obwohl du unter dem Lärm und der schlechten Luft leidest. In solchen Situationen gibt es etwas, das sofort hilft. Immer. Etwas, das eine positive Veränderung deines Lebens in die Wege leitet, auch wenn du gerade noch nicht genau weißt, wie die aussehen soll. Dieses Allheilmittel ist:

Triff eine Entscheidung!

Bist du vor Schreck zusammengezuckt? Ruhig Blut! Es geht an dieser Stelle (noch) nicht darum, dich für ein spezifisches Vorhaben zu entscheiden, denn das kennst du ja – siehe oben – gerade noch gar nicht genau. Es geht hier einfach um eine erste Entscheidung, die eine Veränderung in die Wege leitet. Eine Entscheidung, die dich der Antwort auf die Frage, was dein Leben schöner und erfüllter macht, ein gutes Stück näher kommen lässt.

Warum?

Weil sie dich in Aktion bringt.

Zurück zum Beispiel mit der Straßenkreuzung: Du weißt zwar noch nicht, wo du am Ende hinwillst. Trotzdem bist du zumindest in einem Punkt nicht ahnungslos: Du weißt, dass dir die Abgase und der Lärm an der Kreuzung tierisch auf die Nerven gehen. Was ist der logische Schluss daraus? Genau, du musst irgendwohin kommen, wo du eben nicht im Abgasdunst stehst und wo es ruhiger ist. Hast du diesen Entschluss gefasst, sind schon wichtige Dinge passiert:

- Du hast dir ganz bewusst gemacht, wo du stehst. Diese Erkenntnis ist zum Erreichen von Zielen extrem wichtig.
- Du hast außerdem die hervorragende Entscheidung getroffen, deine nicht optimale Situation wirklich zu ändern.

Daraus ergibt sich bereits eine erste Richtung: Auch wenn du keinen Schimmer hast, wohin die einzelnen Wege, die von der Kreuzung abzweigen, führen werden, sie bringen dich immer weg von der Kreuzung – und damit auch weg vom Lärm und den Abgasen dort. Weg von dem, was dich stört. Alles, was du tun musst, ist losgehen.

ENTSCHEIDUNGEN MACHEN HAPPY!

In dem Moment, in dem **du** dich **entscheidest, etwas zu ändern**, sendest du deinem Unterbewusstsein mehrere wichtige Botschaften. Die erste Botschaft lautet:

*Ich bin hier der Boss, ich bestimme,
was passiert, niemand anders!*

Wenn du etwas in deinem Leben verändern oder erreichen willst, ist das die Basis. Diese Message muss sich für immer fest in deinem Unterbewusstsein verankern. Dein Unterbewusstsein ist dein wichtigster Assistent beim Erreichen jedes Ziels – später erzähle ich dir noch mehr dazu, wie du ihm Botschaften am leichtesten verdaulich präsentierst. Nur wenn du überzeugt davon bist, dass du selbst Chef deines Schicksals bist, traust du dir auch zu, dein Leben verändern zu können. Und nur dann veränderst du es auch.

In verschiedenen Studien haben Psychologen gezeigt, dass das Gefühl, die Kontrolle über das eigene Leben zu haben, einer von mehreren wichtigen Motoren der Motivation ist. Wer eine solche »internale Kontrollüberzeugung« hat, verdient im Schnitt mehr Geld, hat mehr Freunde, ist zufriedener im Beruf und hat mehr Erfolg.

Und dieses Gefühl der Kontrolle entsteht *immer* dann, wenn wir selbst Entscheidungen treffen. Diese Entscheidungen können dabei völlig banal sein. In einem Experiment des US-amerikanischen Psychologen Mauricio R. Delgado wurden Probanden gebeten, ein absichtlich sehr langweiliges Ratespiel zu absolvieren: Sie sollten vorhersagen, ob eine in Kürze auf einem Bildschirm gezeigte Zahl zwischen eins und neun entweder über oder unter fünf liegen würde. Die Überraschung war: Obwohl das Spiel wirklich ultraöde war, entwickelten die Leute eine enorme Motivation und Spaß dabei! Ein Teilnehmer fragte sogar, ob er das Spiel irgendwie mitnehmen und zu Hause weiterspielen könne. Spaß hatten die Leute aber nur dann, wenn sie selbst entscheiden durften. In einem weiteren, sehr ähnlich konzipierten Experiment, bei dem farbige Kreise erschienen, übernahm der Computer in der Hälfte der Fälle die Vorhersage. Dann fanden die Teilnehmer das Spiel tatsächlich langweilig. Konnten sie selbst entscheiden, waren sie sofort wieder mit Spaß dabei. Motivation ist also – unter anderem – das Ergebnis von eigenen Entscheidungen.

Die zweite Botschaft an dein Unterbewusstsein ist der Auftrag:

Suche für mich nach einem Ziel,
auf das es sich zuzugehen lohnt.

Es ist nämlich der Job deines Unterbewusstseins, für dich nach Lösungen zu suchen.

Der erste Schritt ist also immer: Entscheide dich, aktiv zu werden! Verlasse den Abgasdunst, der deine Sicht vernebelt! Geh los! Und falls – um im Beispiel zu bleiben – die Straße, für die du dich an der Kreuzung entschieden hast, immer noch laut und dreckig ist, kannst du noch mal abzweigen. Du findest dann früher oder später in einer Seitenstraße sicher einen Park mit Vogelgezwitscher. Da kannst du dich – im übertragenen Sinne – auf eine Bank setzen und in Ruhe überlegen, wohin du wirklich willst. Keine Bange: Ich werde dir helfen, das herauszufinden.

Wenn du in deiner Beziehung nicht mehr glücklich bist, dann *entscheide* dich für einen ersten Schritt. Dazu musst du nicht gleich alles hinschmeißen. Aber entscheide dich zum Beispiel, endlich mit deinem Partner zu reden, statt weiter deine Unzufriedenheit in dich hineinzufressen. Bist du nicht zufrieden mit deinem Job, dann entscheide auch hier etwas. Entscheide dich, ernsthaft Alternativen zu deiner aktuellen Stelle zu suchen. Oder ein Treffen mit deinem Chef zu vereinbaren, um mit ihm Entwicklungsmöglichkeiten innerhalb des Unternehmens zu besprechen. Wenn du studieren willst, aber nicht weißt, welches der Studienfächer, die bei einer Vorauswahl übrig geblieben sind, du am besten findest: Suche dir einfach ein anderes Kriterium und entscheide danach. Zum Beispiel die Entfernung der Uni. Nimm die, die am weitesten weg ist, weil da das Abenteuer winkt. Oder die, die am nächsten liegt, weil du dann erst mal zu Hause wohnen bleiben kannst. Oder entscheide dich, deinen besten Kumpel entscheiden zu lassen. Egal. Das Allerwichtigste ist zunächst: *Entscheide etwas* – mache einen ersten Schritt.

Und wenn dir nichts einfällt, was du entscheiden könntest? Dann gibt es immer noch eine Möglichkeit: Entscheide dich, herauszufinden, was du wirklich willst. Auf einer Reise ans Meer oder in die Berge zum Beispiel. Oder bei Spaziergängen im nächsten Wald. Mit Abstand zur Situation und vor allem in Ruhe siehst du immer klarer.

Wenn du die Übungen machst, die ich dir gleich zeigen werde, wirst du bald wissen, was du willst. Das Blödeste, was du tun kannst, ist jedenfalls herumsitzen und nichts tun. Dann stehst du wirklich an der Kreuzung mit den Händen in den Taschen und siehst nur alle anderen in Richtung ihres jeweiligen Ziels vorbeieilen.

Wenn du aber entscheidest, den ersten Schritt zu tun, dann steigt die Wahrscheinlichkeit enorm, dass du auch weitere Schritte gehst, um dein Leben zu verändern. Und zwar mit Spaß – denn du hast es ja selbst entschieden!

Übung: Die 7-Sekunden-Bauchentscheidung

Entscheidungen zu treffen kann man üben. Wenn du morgens immer zwanzig Minuten unentschlossen vor dem Kleiderschrank stehst oder im Restaurant Ewigkeiten brauchst, um dich für ein Gericht zu entscheiden, klaut dir das kostbare Zeit, die du besser verwenden könntest. Nicht nur das: Solche Unschlüssigkeit ist ein großer Stressfaktor. Darum trainiere dein Bauchgefühl und deine Entschlusskraft, indem du damit beginnst, dir bei alltäglichen Entscheidungen nur sieben Sekunden Zeit zu lassen. Entscheide spontan und aus dem Bauch heraus, was du anziehen willst. Entscheide nach einmaliger Lektüre der Karte, was du essen willst. Du wirst sehen, solche schnellen Entscheidungen geben dir sehr viel Energie – und passieren kann auch nichts, außer dass dir vielleicht die gewählte Pizza nicht schmeckt.

> »Die schlimmste Entscheidung ist die Unentschlossenheit.«
> Benjamin Franklin

Zusammenfassung der wichtigsten Punkte dieses Kapitels:

✖ Es ist besser, erst mal (irgend)eine Entscheidung zu treffen und dann direkt etwas zu tun, als aus Angst vor dem Unbekannten in der unerwünschten Lage zu bleiben. Den Kurs kannst du später jederzeit anpassen!

✖ Entscheidungen geben dir ein Gefühl der Kontrolle über dein Leben. Dieses Gefühl ist einer der wichtigsten Faktoren, um Motivation zum Erreichen eines Ziels zu entwickeln.

✖ Wer sich immer wieder bewusst entscheidet, statt sich von den Umständen treiben zu lassen, verdient in der Regel mehr, ist glücklicher und hat mehr Erfolg.

✖ Eine Entscheidung für einen ersten Schritt führt fast immer zu weiteren Schritten und damit zu einer positiven Veränderung des Lebens.

3 DU WEIẞT, WAS DU WILLST – AUCH WENN DU ES GERADE NICHT (MEHR) ZU WISSEN GLAUBST

> »Nicht weil die Dinge schwierig sind,
> wagen wir sie nicht, sondern weil wir
> sie nicht wagen, sind sie schwierig.«
> Seneca

Auch Menschen, die in meine Coachings kommen, erzählen mir häufig, dass sie nicht wissen, wo sie im Leben hinwollen und was sie tun und erreichen möchten. Ich höre daraus Folgendes: »Meine Ängste davor, das, was ich in Wirklichkeit aus tiefstem Herzen tun oder schaffen will, nicht zu erreichen – sprich: zu scheitern –, sind so groß, dass ich diese Wünsche erst gar nicht mehr ausspreche.«

Diese Menschen haben sich oft über viele Jahre angewöhnt, ihre Träume für abwegig und unrealistisch zu halten. So gründlich, dass sie ihnen nicht mal mehr einfallen. Oft sind sie schon als Kind ständig entmutigt worden. Kein Wunder! Schließlich hören Kinder oder Jugendliche oft von Erwachsenen Sprüche wie: »Überlass das mal lieber anderen.« Oder: »Gib her, bei mir geht das schneller.« Oder: »Das ist nicht so deins.« Auch bei Berufswünschen, besonders wenn es um Kreatives geht, gibt es demotivierende Standard-Statements: »Um mit so was sein Auskommen zu haben, muss man echt Glück haben. Mach lieber was Sicheres«, oder »Schuster, bleib bei deinen Leisten«. Selbst über unseren Körper und unsere motorischen Fähigkeiten fällen unsere »lieben« Mitmenschen oft scheinbar unumstößliche Urteile wie: »Du bist eben nicht so sportlich« oder »Du hast halt zwei linke Hände«. Die Liste ist endlos – und jeder dieser Sprüche hat schlimmstenfalls lebenslange Folgen. Denn wenn man so etwas nur oft genug hört, glaubt man irgendwann dran – und traut sich selbst nichts mehr zu.

Ein anderer häufiger Grund für Mutlosigkeit: wenn Menschen irgendwann schon einmal versucht haben, ihre Träume zu verwirklichen. Als das dann aber nicht im Nullkommanichts geklappt hat, waren sie am Boden zerstört. Sie fühlten sich als Versager. Oder sie stießen auf Hindernisse – völlig normal. Statt aber zu versuchen, sie geduldig zu überwinden, zogen sie den Schluss, dass ihr Traum nicht erfüllbar ist und sie ihn besser begraben. Auch diese Leute waren maßlos enttäuscht. Den Schmerz des Verlustes wollten sie lieber nie wieder erleben. Also haben sie ihre Wünsche eines Tages in die Mottenkiste mit der Aufschrift »Hirngespinste« gepackt – und vorsichtshalber vergessen.

Und dann gibt es natürlich noch einen Grund, (scheinbar) nicht zu wissen, was man will: die unglaubliche Menge an Möglichkeiten. Heutzutage scheint alles zu gehen. Da kann man schon mal hin- und hergerissen sein, wie ein Kind, das mit dem Weihnachtsgutschein von Oma in der Spielzeugabteilung eines Kaufhauses steht. Irgendwie wirkt alles verlockend, aber gleichzeitig auch bedrohlich: Was, wenn ich mich für das Falsche entscheide? Könnte ja sein, dass ich plötzlich doch lieber den Spielzeugroboter haben möchte. Und dann sitze ich aber schon mit der elektrischen Eisenbahn da. Statt aber eins von beiden zu wählen – also die Kontrolle zu übernehmen –, entscheiden viele Leute in so einer Situation lieber gar nichts. So finden sie nie heraus, dass es – im übertragenen Sinne – möglich wäre, erst mal den Spielzeugroboter auszuprobieren und dann, beim nächsten Gutschein, die Eisenbahn.

MISSION HERZENSWUNSCH – BUDDEL DEINEN WIEDER AUS!

In vielen Fällen sind Herzenswünsche so gründlich unter dem jahrelangen Schotter aus Selbstzweifeln und Unentschlossenheit verbuddelt, dass man nicht mehr drankommt. Vielleicht bist du überzeugt, nicht zu wissen, was dein Leben erfüllender, schöner und lebenswerter macht. Dann möchte ich dir helfen, den Zweifel-Schotter wegzuräumen. Dazu benötigst du nur deine Fantasie. Wir werden jetzt deinen Träumen auf die Spur kommen!

Nimm dir für die folgenden Übungen bitte Zeit. Sie haben einen tiefgreifenden Effekt und können dein ganzes Leben verändern. Aber nur, wenn du sie ernst nimmst und es nicht mal eben in fünf Minuten zwischen Tür und Angel machst.

Ideal ist es, wenn du tatsächlich für Abstand zum Alltag sorgst und ein paar Tage wegfährst. Irgendwohin, wo du dich entspannen und gut nachdenken kannst. Geht das nicht, schaufele dir zumindest einen Nachmittag frei. Nur für dich und deine Gedanken. Funktioniert auch das nicht und kannst du nur eine halbe Stunde hier und da zwischen Arbeit, Kind und Kegel abzweigen, nimm dir trotzdem für jede Übung so viel Zeit, wie du brauchst. Dann dauert das Ganze eben nicht ein Mal eine halbe Stunde, sondern vielleicht fünfmal eine halbe Stunde. Egal! Sich darüber klar zu werden, was man im Leben will, ist viel zu wichtig, um es schnell-schnell abzuhandeln.

ÜBUNG 1: BESUCH VON DER MÄRCHENFEE

Nimm dir bitte einen Block und einen Stift zur Hand. Geh mit deinen Schreibutensilien irgendwohin, wo du dich wohlfühlst und eine Weile ungestört bist. Ins Bett. Aufs Sofa. An den Strand. Ins Grüne. Stell dir vor, es gibt eine gute Fee, die dir Folgendes sagt:

Ich ermögliche dir, dein Leben noch mal neu zu leben! Du bist jetzt wieder Kind und kannst alles tun, was du nur willst, ich mache es möglich! Was wäre dein Traum?

Und dann leg los. Träume, wie du als Kind geträumt hast. Erinnere dich dran, was du damals werden wolltest. Dabei ist es wichtig, dass du dir keinen Druck machst. Scher dich nicht drum, ob etwas »möglich« ist oder nicht. Träume so, als gäbe es tatsächlich eine gute Fee. Frage dich, was du alles lernen, tun und werden wolltest, lange bevor andere Menschen angefangen haben, dir zu erklären, was (angeblich) geht, und vor allem: was nicht geht. Bevor du von Eltern und Lehrern Sätze wie »Mach was Vernünftiges!« oder »Lern was mit Substanz!« zu hören bekamst. Als du noch Tapetenmustermaler, Lokführer, Zauberer, Tierarzt, Astronaut, Löcherindenkäsestanzer, Pippi Langstrumpf oder Superman werden wolltest.

Vielleicht schüttelst du jetzt den Kopf: Wozu soll ich mich denn daran erinnern, ich will doch heute nicht mehr Superman werden! Darum geht es auch gar nicht. Aber in solchen Wünschen stecken zwei wichtige Aspekte. Und die sind auch von großer Bedeutung, wenn wir uns unsere Träume im Erwachsenenalter erfüllen wollen:

- Erstens die Gewissheit, dass alles möglich ist, was wir uns nur glaubhaft vorstellen können. Auch wenn uns Kinder in Sachen Vorstellungskraft oft meilenweit voraus sind, handelt es sich dabei um ein universelles Gesetz, das im Erwachsenenalter genauso wahr ist wie mit fünf Jahren. Später mehr dazu.
- Zweitens ist in kühnen Kinderwünschen immer eine Sehnsucht enthalten, die uns auch später noch durchs Leben begleitet und befriedigt werden will.

So eine Sehnsucht kann es sein, etwas Besonderes im Leben zu machen. Oder die Welt zu sehen. Spaß zu haben. Kreativ zu sein. Drauf zu pfeifen, was andere für möglich halten. Eben etwas zu tun, was dich wirklich begeistert. Auch wenn Pippi Langstrumpf oder Superman aller Wahrscheinlichkeit nach nicht mehr deine »Berufswünsche« sind, sollte das, womit du den Großteil deiner Zeit verbringst, deine innere Pippi, deinen inneren Superman oder deinen inneren Astronauten zufriedenstellen. Denn dann wird die Motivation automatisch mitgeliefert.

Darum: Schreibe in einem zweiten Step jeden Wunsch und deine Beweggründe dazu auf. Bei Pippi Langstrumpf zum Beispiel: Weil sie alles tun kann, was sie will, ohne dass ihr jemand reinredet. Oder beim Löcherindenkäsestanzer: Weil das so schön verrückt ist. Beim Zauberer: Weil ich es mag, wenn andere staunen. Bei Superman: Weil ich anderen so gerne helfe. Bei der Tierärztin: Weil Tiere niemanden nach Äußerlichkeiten beurteilen. Das sind natürlich nur Beispiele, deine Kindheitswünsche und Beweggründe können auch völlig andere gewesen sein.

Falls du dich fragst, was das Ganze soll: Du absolvierst hier ein Warm-up für deine Vorstellungskraft. So wie du vor dem Sport deine Muskeln warm und dehnbar machst, braucht auch deine Fantasie ein wenig Vorbereitung. Lass sie also spielen und hab Spaß dabei.

> *»Fantasie ist wichtiger als Wissen,*
> *denn Wissen ist begrenzt.«*
> Albert Einstein

ÜBUNG 2: DIE MINDMAP FÜR DEIN HAMMERLEBEN

Nach diesem Warm-up im Wunschträumen holen wir nun deine Träume ins Hier und Jetzt und in alle Bereiche deines Lebens. Besorge dir dazu ein möglichst großes Blatt Papier. Deine Aufgabe ist es nun, eine Mindmap deiner Träume zu erstellen. Male dich zunächst selbst als Strichmännchen auf die untere Linie in die Mitte des Blattes. Wenn dir das besser gefällt, kannst du auch ein Foto von dir dorthin kleben.

Kanalisiere nun die »Alles ist möglich«-Grundstimmung aus der vorigen Übung in dein jetziges Leben. Niemand darf dir eine Begrenzung auferlegen. Du bestimmst, denn es ist dein Leben. Vergiss jetzt einmal finanzielle oder andere (vermeintliche) Hürden. Vergiss, ob etwas als wahrscheinlich oder möglich gilt. Denke nicht gleich drüber nach, ob und wie du etwas erreichen oder nicht erreichen könntest. Greife stattdessen nach den Sternen. Du entwickelst jetzt deine umfassende Blaupause für ein erfülltes, schönes, großartiges Leben. In allen Bereichen. Wahrscheinlich hast du nur eins.

Es ist hilfreich, wenn du dabei nacheinander die wesentlichen Bereiche des Lebens durchgehst. Entweder wie unten vorgeschlagen oder wie es dir sinnvoll erscheint. Schreibe sie auf. Willst du es besonders anschaulich haben, bekommt jeder Lebensbereich auf dem Blatt eine andere Farbe. Zum Schluss sollen alle Bereiche wie die Äste eines ausladenden Baumes um dich herum angeordnet sein.

Schreibe die Antwort oder Antworten auf die jeweilige Frage in deine Mindmap. Mir hilft es bei dieser Übung übrigens, mir vorzustellen, ich liege in einer hoffentlich noch fernen Zukunft auf dem Sterbebett: Was würde ich in diesem Moment bereuen nicht getan, erlebt oder in meinem Leben gehabt zu haben?

Wichtig: Die zusätzlichen Fragen unter *Weitere Fragen, die dir helfen, die Antwort(en) einzugrenzen* sind Denkanstöße, mit denen ich dir helfen will, die für dich persönlich richtige Antwort auf die übergeordnete Frage zu finden. Du kannst darüber nachdenken, aber du brauchst natürlich nicht jede einzelne davon schriftlich zu beantworten.

FAMILIE UND PARTNERSCHAFT

Frage dich:

Wie und mit wem willst du leben?

Weitere Fragen, die dir helfen, die Antwort(en) einzugrenzen:
Bist du glücklich mit deiner Partnerschaft oder gibt es Verbesserungspotenzial? Ist auch dein Partner oder deine Partnerin mit der Beziehung zufrieden? Ist die Beziehung in Gefahr oder könnte sie in Gefahr kommen – und wenn ja, wodurch? Lebst du in einer Beziehung lieber allein oder kann es dir nicht eng genug sein? Welche Eigenschaften sollte dein Traumpartner unbedingt mitbringen? Willst du heiraten und eine Familie gründen oder sind Kinder auf absehbare Zeit kein Thema? Hast du bereits eine Familie gegründet und möchtest mit dieser so viel Zeit wie möglich verbringen – oder vielleicht wieder etwas mehr Freiraum für dich selbst erobern? Siehst du dich vielleicht gar nicht in einer Beziehung? Möchtest du gerne in der Nähe deiner Ursprungsfamilie leben, vielleicht sogar in einem Mehrgenerationenhaus?

FREUNDE UND SOZIALES

Frage dich:

Wie sieht dein idealer Freundeskreis und dein ideales soziales Umfeld aus?

Weitere Fragen, die dir helfen, die Antwort(en) einzugrenzen:
Welche sozialen Beziehungen machen dich glücklich? Bist du zufrieden mit deinem Freundeskreis oder fehlt dir etwas? Hast du genügend Freunde? Willst du Teil einer Community sein, etwa in einem Wohnprojekt, einer Nachbarschaftsgruppe oder einem Verein? Gibt es vielleicht Menschen – wie alte Freunde oder Familienmitglieder –, die du sehr magst, die du aber aus den Augen verloren hast und gerne wieder in deinem Leben hättest? Bist du ein Cliquen-

mensch? Oder eher ein Einzelgänger mit wenigen, dafür sehr guten Freunden? Wie oft willst du deine Freunde sehen? Legst du Wert darauf, möglichst viel Zeit mit ihnen zu verbringen? Oder reichen dir weniger häufige Treffen, die dafür aber Tiefgang haben? Ist es dir wichtig, dass du häufig etwas mit anderen unternehmen kannst, oder reicht dir zeitweise auch virtueller Kontakt?

ICH SELBST – AUßEN

Frage dich:
Wie willst du aussehen und dich physisch fühlen?
Weitere Fragen, die dir helfen, die Antwort(en) einzugrenzen:
Bist du zufrieden mit deinem Körper? Damit, wie er aussieht und sich anfühlt? Möchtest du etwas ändern? Was musst du dringend ändern, wenn du nicht krank werden willst? Bist du derzeit dicker oder dünner, als es dir wirklich gefällt? Willst du sportlicher sein? Gesünder leben? Eine lästige Gewohnheit wie das Rauchen aufgeben? Eine neue, gesündere Gewohnheit annehmen?

ICH SELBST – INNEN

Frage dich:
Wie ist dein ideales Lebensgefühl?
Weitere Fragen, die dir helfen, die Antwort(en) einzugrenzen:
Ist dein Ideal ein Leben voller Nervenkitzel und mit vielen nicht immer vorhersehbaren Ereignissen? Oder sehnst du dich nach einem tiefen Zufriedenheitsgefühl? Nach Ruhe? Oder müssen sich Aufregung und Ruhe die Waage halten? Wie wichtig ist dir das Gefühl von Freiheit? Strebst du nach Geborgenheit? Wie wichtig sind dir Planbarkeit und Sicherheit?

WOHNORT UND UMFELD

Frage dich:

Wo und wie willst du leben?

Weitere Fragen, die dir helfen, die Antwort(en) einzugrenzen:

Willst du auf dem Land wohnen, in der Großstadt oder lieber in einer überschaubaren Kleinstadt? Im Wald, am Meer, im Norden, im Süden? Oder vielleicht im Ausland? Mitten im Trubel oder lieber in Abgeschiedenheit? Lieber in einer Wohnung oder einem Haus mit Garten? In einer Wohngemeinschaft? Vielleicht in einem Tiny House? Oder brauchst du jede Menge Platz? Welche Umgebungen inspirieren dich? Alte Industriegebiete mit großen Lofts? Das Meer? Die Berge? Wald?

BERUF UND FREIZEITBESCHÄFTIGUNGEN

Frage dich:

Womit möchtest du am liebsten dein Geld verdienen und zu welchen Aktivitäten möchtest du in deiner Freizeit Gelegenheit haben?

Weitere Fragen, die dir helfen, die Antwort(en) einzugrenzen:

Was macht dir Spaß? Was kannst du gut? Was würdest du gerne noch viel besser können? Was häufiger machen? Welche früheren Hobbys möchtest du wieder aufnehmen? Was möchtest du neu lernen? Gibt es alte Träume aus der Schulzeit, die du vielleicht beiseitegeschoben hast und die dich wieder kitzeln, wenn du jetzt an sie denkst? Mit welchen erfüllenden Tätigkeiten würdest du am liebsten dein Geld verdienen? Kommt dir dein derzeitiger Job, die Ausbildung oder das Studium für dich persönlich sinnvoll vor? Ist dir Erfüllung im Beruf überhaupt wichtig, oder willst du vor allem einen Beruf, der Geld bringt oder ein tolles Team bietet und dir ermöglicht, dich in der Freizeit zu verwirklichen? Wofür willst du unbedingt die Zeit und Möglichkeit haben? Was brauchst du dafür? Hast du das Gefühl, dass deine Work-Life-Balance stimmt, oder gibt es Verbesserungspotenzial?

GELD UND FINANZEN

Frage dich:
Wie sieht deine optimale finanzielle Situation aus?
Weitere Fragen, die dir helfen, die Antwort(en) einzugrenzen:
Kommst du derzeit gut mit deinem Geld aus? Wofür fehlt dir noch Geld? Hast du Schulden? Hast du viele materielle Wünsche, die du dir noch nicht erfüllt hast? Wie soll dein Leben im Alter aussehen? Sorgst du bereits ausreichend dafür vor? Wie viel Geld brauchst du schätzungsweise monatlich, um dir langfristig das Leben zu ermöglichen, das du führen willst?

Keine Sorge, du sollst dich mit dieser Übung nicht für alle Zeiten festlegen. Es geht hier darum, dir zwei Dinge bewusst vor Augen zu führen und in der Mindmap abzubilden:

1. *Wer bist du? Was sind deine Werte? Was treibt dich an? Was motiviert dich?*
2. *Wie willst du in den nächsten zwei bis fünf Jahren idealerweise leben?*

Beschränke auch bei dieser Übung deine Fantasie nicht. Was wäre, wenn wirklich alles möglich wäre? Du alles haben und erreichen könntest? Dazu können natürlich auch materielle Dinge gehören. Zum Beispiel im Bereich »Wohnort und Umfeld« ein Häuschen am Meer. Im Bereich »Freizeitbeschäftigungen« vielleicht ein Rennrad oder ein Segelboot. Richte aber deine gedankliche Aufmerksamkeit dabei nicht so sehr auf den Besitz dieser Dinge, das bloße »Habenwollen«.

Frage dich immer, warum und wozu du etwas tun oder haben willst – und schreibe auch das in deine Mindmap. Das ist wichtig, um später aus jedem Punkt eine zugfähige Vision zu machen. Wenn du nicht weißt, warum du etwas haben oder tun möchtest, kann das nicht klappen.

Ein Beispiel: Träumst du von einem »Haus am Meer«, so steht auch das, wie deine Kindheitswünsche, für eine Sehnsucht. Nach was? Geborgenheit? Freiheit? Nähe zur Natur? Die Möglichkeit, rauszukommen und abzuschalten? Um das herauszufinden, kannst du dir unterschiedliche Szenarien vorstellen und dabei auf deine Emotionen achten. Teste beim Wunsch »Haus am Meer« zum Beispiel eine Villa in Kampen auf Sylt, ein Holzhäuschen an der dänischen Küste oder auch eine Zweizimmerwohnung in einem Block mit Meerblick in Palma de Mallorca. Die Villa fühlt sich bei diesem gedanklichen Test möglicherweise viel zu groß an und die Wohnung auf Malle ist dir zu weitab vom Schuss. Das Holzhäuschen passt schon eher, aber auch da stört dich, dass es nicht mal eben schnell erreichbar ist. Und plötzlich weißt du, was dein Häuschen am Meer sein soll: ein Rückzugsort, wo du vom Alltagsstress entspannen kannst. Wenn du weißt, wie du dich mit der Erfüllung deines Traums *fühlen* willst, bekommst du auch eine Vorstellung davon, wie sie *aussehen* könnte. Mach dich darum in jedem Bereich auf die Suche nach dem Funken, der deine Begeisterung anfacht.

Gehe nach diesem Muster step by step jeden Punkt durch. Lass dir Zeit damit. So lange, bis sich alles richtig anfühlt und du ganz genau weißt, wo du hinwillst. Du kannst auch Bilder aus Zeitschriften ausschneiden, die zeigen, wie du leben möchtest und sie auf die Mindmap kleben. Wenn du ein Zeichentalent bist, kannst du Skizzen anfertigen. Du kannst fotografieren, was deinem Ideal nahekommt. Oder alles kombinieren. Wichtig ist, dass deine Vorstellung lebendig wird und du einen kleinen Film siehst, wenn du die Augen schließt und an einen bestimmten Lebensbereich denkst. Überprüfe immer, wie du dich bei deinen inneren Bildern fühlst. Nur wenn sich alles stimmig und gut anfühlt, ist es richtig. Sobald du auf diese Weise intensiver über deine Wünsche nachdenkst, merkst du schnell, wonach du dich wirklich sehnst. Genau das sind die Wünsche, in denen die Motivation, die nötig ist, um sie wahr zu machen, schon drinsteckt!

Nun möchte ich dich bitten, über zwei Punkte noch einmal gesondert nachzudenken und deine Mindmap entsprechend zu ergänzen:

1. Prüfe, ob in deinem derzeitigen Leben deine menschlichen Grundbedürfnisse erfüllt sind.

Menschliche Grundbedürfnisse sind Bedingungen, die zunächst gegeben sein müssen, damit du mit voller Kraft alle deine Träume verfolgen kannst.* Zu diesen Bedürfnissen gehören einerseits die sogenannten physiologischen, also körperlichen, Grundbedürfnisse. Etwa, gesund zu sein oder dass du nicht Hunger oder Durst leiden musst. Andererseits gehören dazu Bedürfnisse nach Sicherheit. Also dass du dich an einem Ort aufhältst, wo dir weder Gefahr für Leib

---

* Diese Bedürfnisse hat der Verhaltensforscher Abraham Maslow in den Vierzigerjahren als Erster beschrieben. Inzwischen hat der renommierte Psychologieprofessor Ed Diener von der University of Illinois mit einer gigantischen Untersuchung in über 123 Ländern belegt, dass tatsächlich zunächst diese Bedürfnisse erfüllt sein müssen, damit Menschen die Chance haben, sich glücklich zu fühlen. Darum werden sie auch »Defizitbedürfnisse« genannt: Gibt es hier ein Defizit, muss es erst so weit behoben werden, dass die Betroffenen sich davon nicht mehr massiv beeinträchtigt fühlen. Erst dann ist der Weg frei für persönliches Wachstum und Selbstverwirklichung.

und Leben droht noch deine Freiheit gefährdet ist. Hinzu kommt, dass du deine Existenz nicht durch Probleme wie etwa große Schulden bedroht siehst. Ein weiteres wichtiges Grundbedürfnis ist es, zu einer Gruppe dazuzugehören. Ob das eine Familie ist oder ein Freundeskreis, ist dabei nicht so wichtig, aber wir Menschen sind soziale Wesen und ganz allein geht es uns nicht gut.

Wenn die menschlichen Grundbedürfnisse nicht erfüllt sind, ist das ein bisschen wie schlimme Zahnschmerzen: Bevor du die nicht behoben hast, kannst du auch nichts anderes machen.

Ich wünsche dir sehr, dass du in all diesen Punkten super versorgt bist! Falls nun aber einer dieser Bereiche in deinem Leben momentan nicht so ist, wie er sein sollte: keine Sorge! Das bedeutet nicht, dass du deine Träume nicht verwirklichen kannst. Es bedeutet aber, dass du das Stillen dieses Grundbedürfnisses bei deinen Vorhaben auf keinen Fall aussparen solltest! Viele Menschen tun aber genau das: Sie verdrängen ihre Probleme und schauen lieber nicht richtig hin. Oder sie betäuben sich mit Alkohol, mit Drogen oder anderen Süchten. Das ist dann so, als wenn du deine Zahnschmerzen mit einer Überdosis Schmerzmittel wegdröhnst. Dann spürst du zwar erst mal den Zahn nicht mehr so, aber er gammelt weiter vor sich hin. Und früher oder später kommt es doppelt dicke: Dann macht dich nicht mehr nur der Zahn fertig, sondern mit der Betäubungsmethode hast du dich komplett ruiniert.

Ich verstehe, wenn du lieber nicht so gerne über ein großes Problem nachdenkst, weil es dich deprimiert. Glaub mir, ich kenne das: Als ich mit Anfang zwanzig riesige Schulden hatte, habe ich mein Bestes getan, sie auszublenden (dazu später mehr). Doch dann lernte ich auf die harte Tour: Probleme lösen sich nicht, indem man sie ignoriert. Verdrängen hat auch nichts mit positivem Denken zu tun. Positives

Denken ist das Gegenteil davon: Wer positiv denkt, blendet Negatives nicht aus, sondern schaut sich Probleme genau an und überlegt dann, wie er sie lösen kann. Dazu muss man der Lösung aber die höchste Priorität einräumen. Hast du also zum Beispiel gravierende Gesundheitsprobleme, sollte es vor dem Verfolgen aller anderen Träume dein oberstes Ziel sein, deinen Gesundheitszustand so gut es geht zu stabilisieren. Hat dein Vermieter Eigenbedarf angemeldet, und du weißt nicht, wo du in ein paar Wochen wohnen sollst, verdränge das nicht, bis du auf der Straße stehst – kümmere dich *jetzt* um eine Bleibe. Befindest du dich in einer Beziehung, in der du körperlicher oder seelischer Gewalt ausgesetzt bist, hoffe nicht, dass sich das von selbst irgendwie gibt, sondern verlasse die Situation und suche Hilfe. Und so weiter.

Solche Punkte gehören, fett umkringelt und unterstrichen, unbedingt in deine Mindmap!

2. Denke bitte auch an das, was in deinem Leben schon genau so ist, wie du es haben willst!

In deine Mindmap gehört auch alles, was schon exakt so ist, wie es sein soll. Das hier ist nämlich *kein* Aufruf, alle Dinge in allen Bereichen deines Lebens auf Teufel komm raus umzukrempeln. Das, was schon super ist, brauchst du selbstverständlich nicht zu verändern. Ist ein schönes Familienleben ein Bestandteil deines Ideals, und du hast bereits eine großartige Familie, die sich in jeder Lage gegenseitig unterstützt, mache dir dieses Glück bewusst! Schreibe es auf! Brauchst du für dein Wohlbefinden regelmäßige Bewegung, und du bist schon genauso aktiv, wie du es perfekt findest, notiere auch das. Hier hast du schwarz auf weiß motivierende Beweise dafür, dass du dein Leben nach deinen Wünschen gestalten kannst!

Vielleicht fällt dir bei dieser Übung anfangs nur wenig ein. Wenn Träume lange verdrängt wurden, verstecken sie sich schon mal im hintersten Winkel deines Gehirns. Hab Geduld! Du schreibst hier keine Klassenarbeit, die du nach einer Stunde abgeben musst. Ergänzungen deiner Wunschliste sind jederzeit möglich. Manchmal kommen die Ideen erst heraus, wenn du aufhörst, darüber nachzudenken. Und dann sprudeln sie plötzlich hervor, wenn du was ganz anderes machst. Meistens dann, wenn du dich entspannst. Beim Joggen oder wenn du unter der Dusche stehst. Das ist dann ein Zeichen, dass dein Unterbewusstsein den Auftrag »Wünsche ausgraben« gewissenhaft angenommen hat.

Wenn du vorläufig fertig bist, hängst du die Mindmap an die Wand, wo du sie gut siehst. Die Beschäftigung damit ist nämlich nicht abgeschlossen. Wenn dir noch etwas einfällt, kannst du es jederzeit dazuschreiben. Du kannst auch ergänzende Skizzen machen. Bilder aus der Zeitung ausschneiden und aufkleben. Besonders wichtige Bereiche umkringeln oder unterstreichen. Dinge wegstreichen, die dir plötzlich doch nicht mehr so wichtig erscheinen.

Ich empfehle dir, deine Mindmap über mehrere Wochen täglich anzuschauen und dich immer wieder damit zu beschäftigen. So wirst du dir immer bewusster darüber, was du wirklich willst. Und sie hilft dir, eine echte Vision zu entwickeln – nicht nur von einzelnen Punkten, sondern von deinem gesamten Leben. Wenn du, wie hier beschrieben, mit einer Mindmap arbeitest, siehst du am Ende die Dinge, die du dir in deinem Leben wünschst, schon plastisch vor deinem inneren Auge.

Noch ein Vorteil: Du siehst auch direkt, ob beispielsweise deine beruflichen Vorstellungen mit deinen privaten Träumen zusammenpassen und umgekehrt. Idealerweise greifen alle Bereiche deines Lebens wie Zahnräder ineinander. Dann blockieren sie einander nicht, sondern befeuern sich gegenseitig und werden zusammen zu einem Motor, der dir Energie liefert, um alle deine Vorhaben in die Tat umzusetzen.

> *»Unsere Wünsche sind Vorgefühle der Fähigkeiten, die in uns liegen, Vorboten desjenigen, was wir zu leisten imstande sein werden.«*
> Johann Wolfgang von Goethe

ÜBUNG 3, TEIL A: DEIN LEBEN AUS DEM GRUSELKABINETT

Vielleicht gehörst du zu den Menschen, denen die beiden obigen Übungen – oder zumindest eine davon – schwerfallen. Die erst vor der Fee und dann vor dem leeren Blatt stehen und sagen: »Äh, ja, hm, ich weiß nicht so recht, eigentlich brauch ich gar nichts …«

Das kann verschiedene Gründe haben. Vielleicht bist du wirklich wunschlos glücklich. Dann gratuliere ich dir und wünsche dir, dass das so bleibt. Du kannst dieses Buch jetzt weglegen. Sehr viel wahrscheinlicher ist es, dass dir als Kind Bescheidenheit antrainiert wurde. Vielleicht hat deine Oma immer wieder betont, es sei eine Tugend, sich zurück- und bloß nicht so wichtig zu nehmen. Oft haben gerade Frauen solche Verhaltensregeln verinnerlicht. Sie merken gar nicht, dass sich diese »Tugend« zu einem Glaubenssatz verfestigt hat, der ihnen im Weg steht. Denn der alte Spruch »Bescheidenheit ist eine Zier, doch weiter kommt man ohne ihr« ist absolut wahr.

Aber manchmal führen kleine Umwege direkter zum Ziel. Es gibt eine Lösung, auch wenn du gerade nicht weißt, was du dir wünschen sollst! Denke noch einmal an das Kreuzungsbeispiel von vorhin. So wie jemand, der mitten im tosenden Verkehr in Lärm und Abgasen steht, genau weiß, dass er dort definitiv nicht sein Dasein fristen will, weißt du wahrscheinlich ganz genau, was du nicht oder nicht mehr in deinem Leben haben möchtest. Stimmt's? Darum habe ich jetzt eine andere Übung für dich. Die macht sehr viel Spaß und funktioniert auch, wenn es mit dem Wunschträumen gerade noch nicht hinhaut: Deine Aufgabe ist es nun, dir dein Leben aus der Hölle auszumalen!* Diese Übung kannst du übrigens auch nur punktuell in einzelnen Lebensbereichen machen, von denen du in Übung 2 noch keine rechte Vorstellung entwickeln konntest.

So funktioniert es: Auch in diesem Fall machst du eine Mindmap. Du brauchst also wieder ein möglichst großes Blatt Papier und Stifte. Diesmal allerdings in Farben, die du überhaupt nicht leiden kannst.

Gehe dann noch einmal Punkt für Punkt die Lebensbereiche aus Übung 2 durch und stelle dir in den düstersten Farben vor, was für dich die jeweilige Schreckensvorstellung wäre. Überlege beim Punkt »Familie und Partnerschaft« zum Beispiel, mit was für einem Menschen du auf gar keinen Fall zusammenleben möchtest und was derjenige für Eigenschaften hat. Vielleicht ist ein Pedant, der seine Stifte auf dem Schreibtisch parallel ausrichtet, deine schrecklichste Vorstellung. Oder umgekehrt: Ein fürchterlicher

---

* Das Leben aus dem Gruselkabinett ist die abgewandelte Version einer Übung aus dem großartigen Buch *Ich könnte alles tun, wenn ich nur wüsste, was ich will* von Barbara Sher, das ich dir als unbedingte Leseempfehlung ans Herz lege, vor allem wenn du dich beruflich neu orientieren willst oder musst.

Messie, bei dem sich angeschimmelte Teller in der Spüle stapeln. Denk auch dran, welche »Freizeitbeschäftigungen« bei dir eine Gänsehaut vor Unbehagen auslösen, ob das nun Briefmarkensammeln ist, Shoppen, Paintballspielen oder Mensch-ärgere-dich-nicht.

Im Punkt »Beruf« fallen dir vielleicht direkt Jobs ein, die du ganz grauenvoll findest. Ist das so, schreibe sie auf, und frage dich, was du an diesen Jobs so verabscheust. Du kannst dir aber auch einfach einen fiktiven Job ausdenken, der dir die Nackenhaare hochstehen lässt. Vielleicht ist das eine Arbeit, für die du morgens um vier das Haus verlassen musst. In der du einsam im stillen Kämmerlein vor dich hin werkeln müsstest. Oder vielleicht ist deine Horrorvorstellung genau das Gegenteil: ein Job, bei dem du ständig unter Beobachtung stehst. Gehe wirklich jeden Punkt durch. So lange, bis du eine richtig gruselige Horrorvision deines Anti-Wunschtraumes erschaffen hast. Mache dir in einer weiteren Gedankenschleife einen Spaß draus, alles noch eine Spur schrecklicher zu gestalten.

Und wenn du mit der düstersten Version eines absolut verabscheuungswürdigen Lebens fertig bist?

Dann kommt das Beste: Jetzt drehst du nämlich alles um!

ÜBUNG 3, TEIL B: DEIN LEBEN AUS DEM HIMMEL

Jedes einzelne Detail deines Horrorlebens wendest du jetzt ins Positive. Nimm dir dafür wieder ein großes Blatt Papier. Diesmal benutzt du aber Stifte in deinen Lieblingsfarben.

Musst du in der Horrorversion deines Lebens für den Job um vier Uhr aufstehen und direkt zur Stechuhr traben, kannst du in der himmlischen Variante ausschlafen und deine Zeit frei einteilen. Ist deine schlimmstmögliche Vorstellung eines Wohnumfelds eine Spießersiedlung in einer mittleren Kleinstadt, logierst du im Traumleben vielleicht im Zentrum einer Metropole oder in einem Häuschen in der Natur.

Versuche, beim Umdrehen dem Kern der Dinge, dem wahren Grund deiner Abneigungen auf die Spur zu kommen. Frage dich also zum Beispiel: Warum fände ich das Zusammenleben mit einem superordentlichen Menschen so fürchterlich? Wahrscheinlich nicht, weil du grundsätzlich gern im Chaos lebst, sondern weil du dir vermutlich vorstellst, dass so jemand kleingeistig ist und dich ständig kontrolliert. Ist dir das klar geworden, schreibst du auf deine Positivliste nicht einfach »chaotischer Künstler« als Wunschpartner, weil du diesen als Gegenteil von »ordentlicher Spießer« ansiehst. Stattdessen präzisierst du deinen Wunsch zu »jemand, der mich respektiert, wie ich bin, und nicht versucht, mich zu ändern«.

Denke auf diese Weise über jeden Punkt nach: Warum wäre es dir ein Graus, allein im Homeoffice zu arbeiten?

Wahrscheinlich nicht, weil du es doof findest, deine Aufgaben selbstbestimmt zu gestalten, sondern weil du die Anwesenheit anderer brauchst wie ein Fisch das Wasser. Dann gehört auf deine Mindmap aus dem Himmel der Punkt: Ein Job, in dem ich unter Menschen bin.

Je genauer du erkundest, worauf deine Abneigung beruht, umso klarer siehst du, was du stattdessen brauchst, um glücklich zu sein. Denke auch in dieser Übungsvariante daran, was in deinem Leben schon genauso himmlisch ist, wie es sein soll.

Im Idealfall hast du am Ende dieser Übung ein wunderbares Schaubild, das dir schon das Herz aufgehen lässt, wenn du nur draufschaust. Da steht dann zwar noch nicht, wie dein Seelenverwandter heißt und wo du ihn treffen wirst, die Adresse deiner künftigen Hammerwohnung oder der Name deines Arbeitgebers. Aber du und dein Unterbewusstsein, ihr wisst jetzt, wonach ihr Ausschau halten müsst. So eine Mindmap ist wie ein Gerüst, an dem deine Vorstellungskraft emporranken kann, wenn sie eine Vision für dein bestmögliches Leben entwickelt.

ÜBUNG 4: DEINE TRAUM-INVENTUR

Jetzt geht es darum, deine Träume und Vorsätze mit dem Ist-Zustand in Relation zu setzen. Denn auch wenn du bei einigen bei null anfängst, ist das mit ziemlicher Sicherheit nicht in allen Bereichen so.

Nimm dir bitte deine Mindmap zur Hand. Ich hatte dich ja gebeten, auch festzuhalten, was in deinem Leben schon ganz genau so ist, wie du es dir wünschst. Das hat einen guten Grund: Fast immer gibt es eine ganze Reihe Dinge, die man bereits wunschgetreu in die Tat umgesetzt hat. Das ist jeweils ein großartiger Erfolg, auf den du stolz sein darfst! Außerdem gibt es sicher vieles, was zumindest in Teilen wirklich geworden ist. Auch das ist wunderbar! Es beweist, dass es möglich ist, das Leben so zu leben, wie du es möchtest. Es beweist, dass du nicht dem Schicksal ausgeliefert bist, sondern die Fäden in der Hand hältst. Auch wenn du sie länger nicht benutzt oder zwischenzeitlich aus der Hand gegeben hast: Sie sind immer noch in deiner Reichweite und warten darauf, dass du daran ziehst.

Schau dir also nun die Punkte auf der Mindmap einen nach dem anderen genauer an – und bestimme jeweils, wie weit du noch von ihrer hundertprozentigen Erfüllung entfernt bist. Nehmen wir als Beispiel einmal den Klassiker:

Ich möchte so viel Geld haben, dass ich mir niemals Sorgen machen muss.

Vielleicht bist du finanziell derzeit noch nicht völlig sorgenfrei – aber wahrscheinlich hast du bereits einen Job, der dich zumindest monatlich über die Runden bringt. Vielleicht ist es noch nicht der perfekte Job für dich, aber es ist ein Job. Du bist nicht mehr von Mama und Papa abhängig. Aber selbst wenn das momentan noch so sein sollte, weil du noch in der Ausbildung bist und weiterhin zu Hause lebst: Sobald du dir aus eigener Kraft etwas dazuverdienst, arbeitest du bereits aktiv an deiner finanziellen Unabhängigkeit! Du fängst hier nicht bei null an.

Nun schätze, wie viel Prozent von deinem Wunsch »finanzielle Sorglosigkeit« hast du in etwa schon erreicht? Schreibe die Prozentzahl daneben. Mache dir dann bewusst, was das bedeutet: Wenn du 50 Prozent erreicht hast, ist bereits die Hälfte deines Weges zurückgelegt! Sind es 20 Prozent, ist das bereits wesentlich mehr als nichts. Darauf kannst du aufbauen!

Hast du wiederum Schulden, bist also in Sachen Finanzen vorübergehend im negativen Bereich, ist das kein Grund zu verzweifeln. An einem solchen Punkt war ich, wie schon erwähnt, auch schon einmal in meinem Leben und habe es aus eigener Kraft wieder aus dem tiefen Tal nach oben geschafft. Das geht! Dazu später mehr. Sich diese Lage ohne Beschönigung bewusst zu machen, ist allerdings eine wichtige Voraussetzung, um deinen Wunsch nach einer Zukunft in finanzieller Freiheit wahr zu machen.

Nehmen wir noch einen anderen Wunsch:

Ich möchte in einem schönen Häuschen am Meer wohnen.

Selbst wenn du kein Haus am Meer besitzt, erfüllst du dir auch diesen Wunsch möglicherweise schon zum Teil. Wenn du zum Beispiel manchmal ein Häuschen am Meer mietest und dort Urlaub machst. Sagen wir, du bist vier Wochen im Jahr an der See. Dann sind das, aufs Jahr gerechnet, schon über sieben Prozent deiner gesamten Zeit. Ist dir bei der Arbeit mit deiner Mindmap klar geworden, dass du gar nicht ständig am Meer leben willst, sondern vor allem die drei Sommermonate Juni, Juli und August dort sein willst, ist dein Wunsch bei vier Wochen Urlaub an der Küste sogar schon zu 33,3 Prozent erfüllt. Vielleicht musst du hier aber auch zugeben, dass die Verwirklichung dieses Traums bei null Prozent liegt, weil du sogar deine Ferien immer im Schrebergarten deiner Schwiegereltern verbringst. Das macht aber nichts, denn nun hast du ihn wieder aus der Versenkung geholt. Und wenn er dir wirklich wichtig ist, kannst du ihn dir auch erfüllen.

Oder nehmen wir:

Ich möchte eine rundum glückliche Partnerschaft haben.

Falls du in einer Partnerschaft lebst, mit der du zwar grundsätzlich zufrieden bist, aber in der es ein paar Baustellen gibt – in welcher Beziehung gibt es die nicht? –, bist du auch mit diesem Wunsch schon deutlich über der Nulllinie. Dann musst du nur noch die Baustellen identifizieren und gemeinsam mit deinem Partner nach und nach eine Strategie entwickeln, damit ihr beide wieder so richtig glücklich werdet wie am Anfang der Beziehung. Hier liegst du in puncto Traumerfüllung mindestens bei 50 Prozent, wahrscheinlich deutlich höher. Liebst du deinen Partner zwar, aber es gibt schon ärgere Probleme, befindest du dich aktuell vielleicht nur bei 20 Prozent, aber auch das lässt sich verbessern. Bist du dagegen so unglücklich, dass du nur noch wegwillst? Oder du bist dir sicher, dass Hopfen und Malz verloren ist? Dann ist es wichtig, dass du so bald wie möglich auf die Null-Prozent-Linie kommst, um wieder neu starten zu können. Im Klartext: dass ihr euch trennt und möglichst wenig Zeit verliert. Vermutlich klingt das leichter gesagt als getan. Leider werden Probleme nie dadurch gelöst, dass man den Kopf in den Sand steckt. Falls du gerade Single bist, stehst du logischerweise ebenfalls auf der Nulllinie.

Kommen wir nun zu einem weiteren Wunsch:

Ich möchte einen Beruf haben, in dem ich mich verwirklichen kann.

Sagen wir, du siehst dich im Grunde deines Herzens als Musiker, belegst aber derzeit in einem Fast-Food-Laden Burger. Sollte das all deine wache Zeit beanspruchen, ist es möglich, dass die Erfüllung deines Berufswunsches noch in einiger Ferne liegt. Dann gibt es hier Handlungsbedarf! Solltest du aber bereits neben deinem Burger-Job immer weiter an deinen musikalischen Fähigkeiten feilen und vielleicht sogar hier und da Engagements haben, sieht das

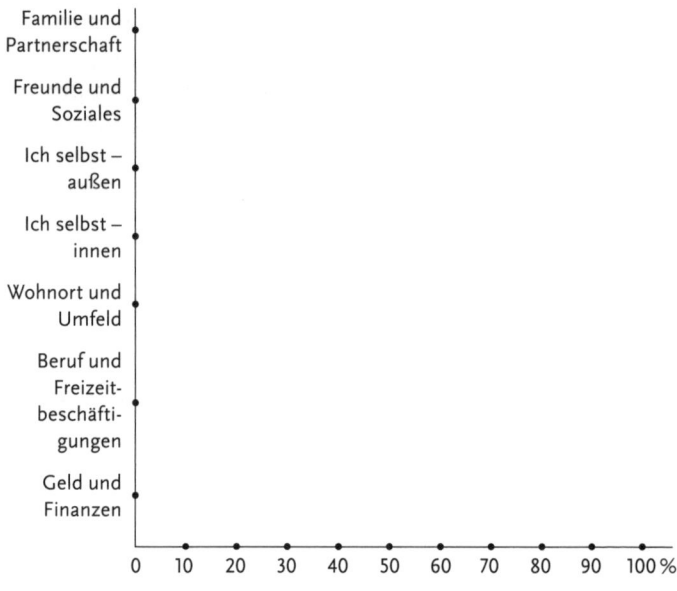

schon ganz anders aus. Dann ist dein Wunsch zwar nicht zu hundert Prozent erfüllt, aber du stehst absolut nicht mit leeren Händen da.

Bearbeite nach diesem Muster sämtliche Wünsche auf deiner Mindmap beziehungsweise Liste. Und dann male ein Balkendiagramm mit den Prozentzahlen.

Einerseits siehst du nun deutlich, wo dringender Handlungsbedarf besteht – das sind die Wünsche, bei denen du unter der Nulllinie im Negativbereich gelandet bist. Aber vor allem siehst du nun bildlich vor dir, dass du auch in der Vergangenheit schon Dinge auf den Weg gebracht und dann geschafft hast! Das ist der Beweis: Du kannst tatsächlich schaffen, was du willst!

Zusammenfassung der wichtigsten Punkte dieses Kapitels:

✖ Du weißt insgeheim immer, was du brauchst, um glücklich zu sein, nur manchmal ist dieses Wissen verschüttet und muss wieder ausgegraben werden.

✖ Wenn du überlegst, wie die Bereiche deines Lebens idealerweise aussehen, frage dich immer, warum und wozu du etwas in deinem Leben haben oder tun willst. Das erleichtert es dir, später eine Vision davon zu entwickeln.

✖ Wir fangen bei der Verwirklichung unserer Träume nicht immer bei null an, vieles ist schon teilweise verwirklicht. Das ist ein Beweis dafür, dass du die Gestaltung deines Lebens in der Hand hast.

4 DEIN PERSÖNLICHES VORHABEN-CASTING

> »Du kannst nicht zwei Pferde
> mit einem Hintern reiten.«
> Woody Allen

Hast du dich bereits für die Verwirklichung eines ganz bestimmten Vorsatzes entschieden, der dir unter den Nägeln brennt? Großartig! Falls nicht, steht dir jetzt eine ganze Palette an erfüllungswürdigen Wünschen zur Auswahl. Allesamt Kandidaten deines ganz persönlichen Wünsche-Castings. Der Unterschied zu Castings wie *Popstars* besteht allerdings darin, dass bei dir am Ende alle Teilnehmer gewinnen, wenn du das willst. Nur die Reihenfolge, in der sie für dich performen dürfen, steht noch nicht fest. Aber die legt die Jury in Kürze fest. Und die Jury – das bist du!

Du hast die Wahl: Welches oder welche Vorhaben willst du als erstes auf der großen Showbühne sehen? Alles auf einmal anzugehen ist nämlich keine gute Idee. Gerade wenn du mehrere große Ziele aus demselben Bereich parallel verfolgst, stehlen sich deine Vorhaben nur gegenseitig Energie. Dann besteht die Gefahr, dass du dich verzettelst, nach kurzer Zeit erschöpft bist und schlimmstenfalls vorzeitig aufgibst. Darum solltest du dir im Normalfall immer höchstens ein großes Ziel pro Lebensbereich setzen. Erst wenn das abgehakt ist, ist das nächste große Ziel dran.

Dann kannst du die dir zur Verfügung stehende Zeit und Energie immer ganz auf das wichtigste Vorhaben fokussieren. Kurz: Du kannst Vollgas geben! Dadurch wirst du das jeweilige Ziel schneller und leichter erreichen, denn dann hast du auch die nötige Power, um garantiert auftauchende Hindernisse zu überwinden. Außerdem wird dich der erste erreichte Erfolg so beflügeln, dass der nächste schon eine ausgemachte Sache ist. So lässt sich nach und nach jeder Aspekt des Lebens verbessern.

Ich schlage dir darum Folgendes vor:

1. WÄHLE DEINE TOP-VORHABEN

Schau dir alle Vorhaben noch einmal an und gehe sie der Reihe nach durch. Mit Sicherheit merkst du sofort, welche Punkte dich am meisten anmachen. Dieses Gefühl, am liebsten sofort loslegen zu wollen, ist ein untrügliches Zeichen, dass du bereits eine ordentliche Portion Motivation mitbringst, diese Sache anzugehen. Dieser Drive wird dir dabei helfen, dein Vorhaben in die Tat umzusetzen. Markiere diese Punkte, sie gehören definitiv zu deinen persönlichen Top-Stars.

Ebenfalls markieren solltest du Vorhaben, die nicht aufschiebbar sind, wenn sie realisiert werden sollen. Steht auf deiner Liste »Diesen Sommer nach Südfrankreich fahren«, gehört das ebenso markiert wie der Vorsatz, endlich wieder deine 95-jährige Oma zu besuchen.

Dann gibt es noch die terminlich dringenden Angelegenheiten.

Die locken dich im Moment vielleicht nicht unwiderstehlich, weil ihre Umsetzung voraussichtlich mit der ein oder anderen Hürde oder Anstrengung verbunden sein wird. Trotzdem weißt du, dass sie wichtig sind und du sie unbedingt angehen solltest. Wenn du beispielsweise bis zu einer bestimmten Deadline eine Examensarbeit geschrieben haben musst, ist es aus ganz praktischen Gründen ratsam, dieses Ziel frühzeitig zu verfolgen. Willst du beim New York Marathon mitlaufen, erreichst du auch dieses Ziel nicht einfach über Nacht, sondern musst lange vor dem Termin mit dem Training anfangen.

Andere dringende Ziele ergeben sich oft aus Problemen, beispielsweise gesundheitlichen. Ich will dir auch hier ein Beispiel aus meinem Leben geben. Vor einigen Jahren fing meine Hüfte an wehzutun. Es begann mit einem Ziepen. Ab und zu. Daraus wurde ein häufiges Ziepen. Irgendwann war der Schmerz fast nonstop da. Mein Bewegungsradius war stark eingeschränkt. Die Hoffnung, dass es von selbst wieder weggehen würde, schwand. Ich gebe zu, ich hatte erst einmal keine Lust, zum Arzt zu gehen. Tatsächlich habe ich geschlagene drei Jahre gebraucht, um mich dazu durchzuringen. Ich ahnte, dass der Arzt mir unbequeme Sachen erzählen würde. Aber irgendwann wurde mir klar: Den Kopf in den Sand zu stecken, hilft nicht. Warten macht alles wahrscheinlich nur noch schlimmer. Und Jammern erst recht. Eines Tages habe ich mir also gesagt: Meine Energie nutze ich am sinnvollsten dazu, auch diese Hürde bestmöglich zu nehmen. Statt mich also zu bedauern, sagte ich mir auch hier endlich: »Scheiß drauf, mach's einfach!« Ich lenkte meine Gedanken auf positive Aspekte der Situation. Zum Beispiel machte ich mir bewusst, wie dankbar ich sein kann, dass ich jederzeit zum Arzt gehen kann. Und dann habe ich mir das Ziel gesetzt »Ich will wieder ganz gesund werden und mich schmerzfrei bewegen können«. Ich habe mich *entschieden*, alles dafür zu tun. *All in* zu gehen, egal was nötig sein würde. Nach dieser Entscheidung, das Problem anzugehen, fühlte sich sofort alles viel leichter an, weil ich endlich etwas zu seiner Lösung unternahm. Es stellte sich heraus, dass einiges zu tun war: Ich brauchte eine künstliche Hüfte, die mir in einer nicht ganz einfachen OP eingesetzt werden sollte. Hinterher würde es in die Reha gehen. Aber ich konzentrierte mich weiter auf das Positive und entwickelte von meinem Ziel, wieder ganz gesund und schmerzfrei zu sein, eine Vision. Die motivierte mich, und statt die OP als notwendiges Übel anzusehen und alles »über mich ergehen zu lassen«, nahm ich die Sache in die Hand. Ich erkundigte mich, und so wusste ich bald, worauf ich achten musste und was mir wichtig war. Dabei entdeckte ich eine Superklinik in Münster und entschied mich bewusst dafür, mich dort operieren zu lassen. Dort arbeiteten nicht nur hervorragende Ärzte, sondern mit der Reha wurde gleich am Tag nach der OP begonnen. Meine gesamte Energie konnte so in mein Gesundwerden fließen statt in Gejammer. Auf diese Weise wurde ich viel schneller wieder gesund und konnte zurück nach Hause, als wenn ich weiter gezögert und gezaudert hätte. Nach fünf Tagen ging ich ohne Krücken und in Rekordzeit konnte ich wieder tanzen und auch sonst jede Bewegung ausführen – ohne Schmerzen.

Es war also total wichtig, dieses Ziel als Top-Priorität auf meine Agenda zu setzen. Ich möchte auch dich dazu ermuntern, solche wichtigen Angelegenheiten nicht auf die lange Bank zu schieben. Je früher und entschlossener du sie angehst, umso besser. »Man löst keine Probleme, indem man sie auf Eis legt«, hat Winston Churchill mal gesagt – und er hatte recht. Ist also deine Leibesfülle so groß, dass dein Arzt wegen deiner Blutwerte Alarm schlägt? Dann räume dem Ziel, einen gesunden Lebensstil anzunehmen, eine hohe Priorität ein. Musst du dich dringend um deine Beziehung kümmern, weil sonst der Mensch, den du über alles liebst, in Kürze das Handtuch werfen wird? Dann gilt das Gleiche.

Ebenso, wenn deine Finanzen derart desaströs aussehen, dass du täglich auf den Besuch des Gerichtsvollziehers wartest. Krieg deinen Hintern hoch und kümmer dich drum!

All diese Ziele – diejenigen, die dich am meisten reizen, und die, die aus anderen Gründen wichtig sind – gehören in deine Top-Auswahl! Hebe sie entweder klar auf deiner Mindmap hervor – zum Beispiel mit neonfarbenem Textmarker – oder schreibe sie auf eine extra Liste.

2. ERSTELLE DEINE CHARTS

Bringe zunächst deine Top-Vorhaben aus Schritt eins in eine zeitliche Abfolge. Danach auch alle anderen. Nummeriere dazu die Vorhaben. Das Vorhaben, das dir am wichtigsten und/oder am dringendsten ist, erhält die Nummer eins, das zweitwichtigste die Nummer zwei und so weiter. So bekommst du einen guten Überblick.

Solltest du mehrere Kandidaten für dein Nummer-eins-Ziel haben und am liebsten beides gleichzeitig machen wollen, prüfe kritisch, ob sich diese Ziele parallel verfolgen lassen. Selbst wenn du gerade vor Tatendrang nur so strotzt, ist das nicht immer angesagt – sogar wenn die Ziele zu zwei verschiedenen Lebensbereichen gehören. Zum Beispiel verträgt sich die Wiederbelebung einer angeschlagenen Partnerschaft wahrscheinlich nicht so gut damit, zeitgleich beruflich neu durchzustarten. Beide Vorhaben erfordern viel Zeit, Fokussierung und Aufmerksamkeit. Darum solltest du solche Ziele möglichst nacheinander angehen. Meistens ergibt sich hier mit etwas Nachdenken sowieso eine logische Abfolge. Zum Beispiel ist es leichter, im Beruf Vollgas zu geben, wenn man eine stabile Partnerschaft im Rücken hat. Umgekehrt hast du in Zukunft möglicherweise nicht mal mehr eine instabile Partnerschaft, wenn du deinem beruflichen Neustart den Vorrang gibst.

Manchmal ist es auch eine gute Lösung, sich erst mal ein paar Monate aufs Anschieben *eines* Top-Ziels zu konzentrieren und dann, wenn die Sache in Schwung gekommen ist, das nächste dazuzunehmen. Es ist im Leben fast immer wie bei einem Raketenstart: Der Start frisst 95 Prozent des Treibstoffs, danach kommt sie mit wesentlich weniger aus.

Kleinere Vorhaben lassen sich dagegen oft parallel verwirklichen. Es stellt zum Beispiel überhaupt kein Problem dar, Kochen zu lernen und sich trotzdem endlich wieder um seine alten Freunde zu kümmern – im Gegenteil, das lässt sich wahrscheinlich gut kombinieren. Allerdings hängt das auch von anderen Faktoren wie deinem persönlichen Zeitbudget ab oder ob deine Freunde in der Nähe wohnen. Anders gesagt: Ist dein bester Freund Wissenschaftler in einer Forschungsstation am Südpol, erfordert die Freundschaftspflege einen anderen Aufwand, als wenn alle deine Kumpels in deinem Kiez wohnen.

Sei also unbedingt ehrlich zu dir selbst. Im Zweifel beginne aber immer erst einmal mit der Verfolgung *eines* Ziels – und wenn du siehst, dass du noch Kapazitäten hast, nimm noch ein weiteres Vorhaben hinzu.

3. AND THE WINNERS ARE

Platz 1: _____

Platz 2: _____

Platz 3: _____

Du kannst hier deine persönlichen Top 3 eintragen! Das heißt natürlich nicht, dass du nicht noch weitere Vorhaben in deinem Leben verwirklichen kannst. Aber Prioritäten zu setzen hilft dir, deine Energie zu bündeln und die Dinge auch tatsächlich anzuschieben.

TRÄUMST DU NOCH ODER ZIELST DU SCHON? DAS GEHEIMNIS DER ERFOLGREICHEN

Bis jetzt haben wir uns vor allem darum gekümmert, deine Träume und Wünsche dingfest zu machen. Das ist schon einmal superviel wert. Aber nun geht es ans Realisieren. Da ist es essenziell, deine Vorhaben als Ziele zu formulieren. Warum das so wichtig ist, möchte ich dir am Beispiel einer Castingshow erläutern. Für manche Gewinner geht es nach der Siegershow erst richtig los. Sie produzieren ein Album, treten in TV-Shows auf, geben Interviews. Sie gehen auf Tournee und werden dabei richtige Stars. Andere werden vielleicht nicht der breiten Masse bekannt, etablieren sich aber als erfolgreiche Musicaldarsteller, Studiomusiker oder Gesangscoaches. Wieder andere verschwinden dagegen schneller wieder im schwarzen Loch des kollektiven Vergessens, als ihr Siegersong verklungen ist.

Was glaubst du, was unterscheidet die Erfolgreichen von den nicht Erfolgreichen?

Eines kann ich schon verraten: Ihr stimmliches Können ist es nicht! Es ist etwas, was im ersten Moment wirkt wie eine Kleinigkeit, aber einen unglaublichen Unterschied ausmacht: Diejenigen, die Stars werden oder beruflich durchstarten, bringen ihren Traum, mit dem Singen ihren Lebensunterhalt zu verdienen, in die konkrete Form von Zielen. Oft haben sie das schon lange vor der Teilnahme an der Castingshow getan. Die Show war nur ein Etappenziel auf ihrem Weg zum Erfolg. Mithilfe ihrer Ziele kanalisieren sie dann den Rückenwind, den ihnen das Gewinnen der Show gegeben hat, in eine ganz bestimmte Richtung und kommen rasend schnell voran.

Willst du deine Träume realisieren, solltest du dir darum ganz bewusst machen, was einen bloßen Traum von einem Ziel unterscheidet. Wenn du träumst, denkst du Dinge wie: »Ach, nach Hawaii zu reisen, das wäre doch mal schön!« Das ist für den Anfang überhaupt nicht schlecht. In einem Traum steckt nämlich oft eine große Sehnsucht, die dich beim Verfolgen einer aus dem Traum entwickelten Vision mit der nötigen Energie versorgen kann. Aber: Das heißt nicht, dass dich der Traum allein schon irgendwohin bringt. Ein Traum ist meistens vage, und auch wenn er ein buntes Filmchen im Kopfkino mit viel Aloha, Palmen, Surfing und Blumenkränzen ist, ist er noch lange keine Vision. Er enthält erst mal keinen Plan zu seiner Verwirklichung. Du kannst dein ganzes Leben von Hawaii träumen, ohne jemals dorthin zu reisen. Und der Traum allein wird dich nicht nach Honolulu transportieren wie der Beamer bei *Star Trek*.

Viele Menschen missverstehen in diesem Punkt übrigens Bücher oder Filme wie *The Secret*, wo vom »Gesetz der Anziehung« die Rede ist. Dieses Gesetz besagt, dass man das, was man nur häufig genug denkt, in sein Leben zieht. Das ist wahr. Aber diese Gedanken müssen auch noch ein paar weitere Bedingungen erfüllen. Wenn du etwas Bestimmtes in deinem Leben verändern willst, müssen deine Gedanken auch bestimmt sein – also so konkret wie möglich. Und vor allem musst du bereit sein, alles zu ihrer Verwirklichung zu tun. So wird der Traum zum Ziel. Wenn du dann auch noch grundsätzlich daran glaubst, dass du das Ziel erreichen kannst, liefert die Sehnsucht des Traumes die nötige Energie, um sich in Richtung des Ziels in Bewegung zu setzen. Dann kannst du deine Traumsequenzen zu einer echten Vision machen. Erst dann kann auch das berühmte »Universum« dir mit unverhofften Gelegenheiten dabei behilflich sein, dieses Ziel zu erreichen.

Setzt du dir etwa das relativ konkrete Ziel, im nächsten Jahr nach Hawaii zu fliegen, steigt die Wahrscheinlichkeit bereits enorm, dass du einmal nach Honolulu kommst. Ob das dann tatsächlich passiert, hängt allerdings davon ab, ob du dich *entscheidest*, dieses Ziel auch als Vision zu verfolgen und alle Schritte zu unternehmen, um es zu erreichen. Diese Schritte sind wiederum Etappenziele auf dem Weg zum Ziel. Etwa genügend Geld zur Seite legen, einen genauen Zeitrahmen bestimmen, Urlaub einreichen, buchen und schließlich die Reise auch antreten. Nur wenn alle diese Phasen durchlaufen werden, wird der Traum schließlich wahr. Ein Ziel ist damit ein präzisiertes Vorhaben, das mittels einer Entscheidung realisiert werden kann. Mehr zu den Phasen nach der ersten Zielsetzung in Kürze.

> *»Erfolgreiche und nicht erfolgreiche Menschen*
> *unterscheiden sich nicht in ihrem Können.*
> *Sie unterscheiden sich in ihrem Verlangen,*
> *ihr Potenzial zu entfalten.«*
> John Maxwell

BRING DEINE CASTING-GEWINNER IN EIN ERFOLGSFORMAT

Schau dir also bitte nun noch mal deine Gewinner-Vorhaben an. Es kann sein, dass du sie bereits ziemlich konkret formuliert hast. Das wäre zum Beispiel der Fall, wenn da steht: »Einen Salsakurs belegen«, »Kommenden Herbst mit der Familie nach Rom fahren« oder »Au-pair in Paris werden«. Damit kannst du bereits arbeiten.

Vielleicht prangen dort aber auch noch typische – nämlich ziemlich vage – Neujahrsvorsätze wie »mehr Sport machen« oder »mich gesünder ernähren«. Dann überlege jetzt, wie der Sport oder die gesündere Ernährung denn genau aussehen sollen. Denn mit einer so allgemeinen Formulierung wirst du niemals in Aktion kommen. Ganz einfach, weil dabei kein Bild in deinem Kopf entsteht. Mit »mehr Sport« kann dein Gehirn nichts anfangen, weil das alles und nichts bedeuten kann. Meinst du damit, mit dem Rad zur Arbeit zu fahren? Mit Boxen anzufangen? Endlich wieder eine Volleyballmannschaft zu finden? In einem Fitnessstudio Kurse zu belegen? Alle zwei Tage sechs Kilometer joggen zu gehen? Oder etwas ganz anderes? Wenn du dich hier nicht festlegst, garantiere ich dir: Nichts wird sich ändern. Du wirst so weitermachen wie bisher, also wahrscheinlich der Anziehungskraft deines Sofas erliegen. Dein Vorsatz bleibt allein ein Gedanke, aus dem mehr hätte werden können. Das ist dann so, als gingest du in ein Restaurant und sagtest zur Bedienung: »Ich hätte gerne was Leckeres!« Die Servicekraft wird dir daraufhin mit ziemlicher Sicherheit die Karte in die Hand drücken und dich auffordern: »Suchen sie sich was aus. Lecker ist bei uns alles!« »Was Leckeres« kann sie nämlich nicht an die Küche weitergeben, sie braucht eine konkrete Bestellung – sonst tippt sich der Koch nur an die Stirn.

Nimm dir also die Zeit und überlege, wie deine Bestellung genau aussehen soll, damit du sie möglichst bald in Empfang nehmen kannst.

Zusammenfassung der wichtigsten Punkte dieses Kapitels:

✖ Deine wichtigsten Vorhaben sind:
  1. Die, die dich am meisten kitzeln.
  2. Die, die bereits einen fixen Termin haben, der es erfordert, jetzt aktiv zu werden.
  3. Die, die wichtige Grundvoraussetzungen wie deine Gesundheit sicherstellen.
✖ Das Geheimnis jedes Erfolgs ist es, sich Ziele zu setzen. Wenn du nur von etwas träumst, kommst du nirgendwohin.
✖ Träume, Wünsche und allgemein gehaltene Vorsätze bringen dich nicht in Aktion, Ziele schon. Darum musst du Träume und vage Vorsätze zu einem Ziel konkretisieren.

5 GUTE ZIELE? SCHLECHTE ZIELE? MEIN VORSÄTZE-TÜV

»Die Qualität unserer Ziele bestimmt
die Qualität unserer Zukunft.«
Anonym

Du kennst nun also dein Ziel. Großartig! Bevor du es aber ins Navi deines Lebens eingibst und mit Vollgas darauf zusteuerst, möchte ich dir meinen persönlichen Ziele-TÜV vorstellen. Damit kannst du jedes Ziel auf Herz und Nieren prüfen, *bevor* du Energie und Zeit investierst. Besonders nützlich ist dieser Realitätscheck, wenn plötzlich Projekte, Aufträge oder besondere Gelegenheiten auftauchen und du dich schnell dafür oder dagegen entscheiden sollst. Aber auch bei selbst gesteckten Vorhaben, bei denen du zögerst, kann er helfen, Klarheit zu schaffen. Zögern kann nämlich einerseits damit zu tun haben, dass wir Angst vor unserer eigenen Courage haben. Es kann aber auch sein, dass mit unserem Ziel etwas noch nicht so ganz stimmt.

Ich selbst mache diesen Check ausnahmslos jedes Mal, bevor ich ein neues Projekt in Angriff nehme. Keine Sorge! Realitätscheck bedeutet nicht, dass du entmutigt werden sollst. Von mir wirst du keine (vermeintlich) gut gemeinten Ratschläge hören wie »Jetzt bleib doch mal realistisch!«, »Uiuiui, ist das nicht eine Nummer zu groß für dich?« oder »Na, dann träum mal weiter!«. Solche »netten« Bemerkungen eben, die du vielleicht von anderen Zeitgenossen kennst. Falls nicht, kannst du dich schon mal drauf gefasst machen. Sobald du nämlich dein Leben entschlossen in die Hand nimmst, werden die Zweifler und Nörgler aus ihren Löchern kommen. Garantiert. Solche Aussagen haben vor allem einen Zweck: Sie sollen dich am Erfolg hindern, damit sich die anderen nicht so unzulänglich fühlen müssen. Derartige destruktive Manöver sind aber so gar nicht mein Ding, sonst würde ich auch dieses Buch nicht schreiben. Im Gegenteil: Ich möchte dir helfen, zu identifizieren, welche Vorhaben dich wirklich weiterbringen. Du bekommst die Chance, herauszufinden, was dich jetzt glücklich macht und dir wahren Erfolg beschert. So kannst du deine ganze Power zu hundert Prozent für das einsetzen, was dein Leben schöner, reicher und lebenswerter macht – und verplemperst sie nicht für etwas, was sich am Ende doch als Rohrkrepierer herausstellt.

Vorhaben im Vorfeld abzuklopfen, ist logischerweise vor allem bei einer gewissen Tragweite der Entscheidung wichtig. Etwa, wenn es um die Wahl einer Ausbildung oder eines Berufs geht oder um etwas, was dich viel Geld und/oder Zeit kosten kann – wie etwa der Kauf eines renovierungsbedürftigen Hauses. Auch bei längeren Projekten, aus denen du nicht so ohne Weiteres direkt wieder aussteigen kannst, musst du vorher abwägen. Überschaubare Vorhaben wie einen Gitarrenkurs, eine neue Sportart oder auch eine neue Ernährungsweise kannst du hingegen problemlos einfach mal testen – falls du merkst, dass es nichts für dich ist, kannst du ja genauso problemlos sofort wieder damit aufhören.

Versteh mich nicht falsch: Natürlich kommst du auch aus größeren Nummern wieder raus. Ein Studium kannst du schmeißen. Ein Haus wieder verkaufen. Eine Beziehung beenden. Aber es spart Kraft und oft auch Geld, wenn du schon vorab weißt, ob die Spitzengelegenheit, die sich da gerade auftut, wirklich eine ist. Das Gute ist: Je häufiger du den Ziele-TÜV machst, umso besser lernst du dich kennen und umso genauer weißt du, worauf du achten musst. Irgendwann checkst du dann jedes Ziel ganz automatisch im Handumdrehen ab und kannst dich mit gutem Gefühl für oder gegen etwas entscheiden. Das gibt dir Kontrolle über dein Leben. Du erinnerst dich: Daraus ziehst du Motivation! Und die kannst du dann in Unternehmungen fließen lassen, die wirklich zu dir passen.

Als die Produktionsfirma ITV mich Anfang 2019 fragte, ob ich in der Sat.1-Show *Dancing on Ice* als Teilnehmer mitmachen möchte, war ich gleich Feuer und Flamme. In dieser Sendung treten Prominente mit je einem Eislaufprofi als Partner gegeneinander im Eistanzen an. Ihr Können wird von einer Jury beurteilt. Ich hatte sofort den Impuls, dort mitmachen zu wollen, obwohl ich bis dahin nicht mal Schlittschuh laufen konnte – aber Tanzen ist schließlich meine große Leidenschaft. Trotzdem: Bevor ich mich entschied, bin ich auch an diese Geschichte mit meinem persönlichen Ziele-TÜV herangegangen. Diese Fragen werden auch dir helfen, gute Vorhaben von schlechten zu unterscheiden.

TÜV-FRAGE 1: IST DAS VORHABEN *WIRKLICH* MEIN DING?

Um diese Frage für dich selbst beantworten zu können, musst du erst mal wissen, wer du bist. Damit meine ich nicht, dass du wissen musst, wie alt du bist, ob du groß oder klein, dick oder dünn, blond oder braunhaarig bist. Ob du in Frankfurt, Berlin, Emden oder Bautzen wohnst. Das alles ist nur die Oberfläche. Es geht um deinen Kern. Darum, was dir im Leben wirklich wichtig ist. Um deine Werte. Darum, was dein Herz und deine Seele brauchen, damit es dir rundum gut geht. Und das ist etwas, was nur du selbst über dich wissen kannst.

Wenn du die »Mindmap für dein Hammerleben« aus Kapitel drei schon gemacht hast und dabei ehrlich zu dir selbst warst, hast du dich bereits intensiv damit auseinandergesetzt, was dir im Leben wichtig ist. Was dich bewegt und antreibt. Sofern du dir für die Übung ein bisschen Zeit genommen hast und wirklich in dich gegangen bist, hast du nun eine Ahnung davon, *warum* du gewisse Dinge gerne in deinem Leben hättest und *warum* dich manche Projekte und Vorhaben reizen. Das sind sehr wertvolle Erkenntnisse, die dir dabei helfen werden, die für dich richtigen Ziele zu bestimmen und daraus dann auch eine Vision zu formen.

Aber egal, ob du die Übung gemacht hast oder nicht: Überlege jetzt bitte, was dir aktuell das Wichtigste in deinem Leben ist. Etwas, was du auf keinen Fall missen möchtest. Zum Beispiel genügend Zeit mit deiner Familie und deinen Kindern. Egal, wie verlockend ein Vorhaben ansonsten ist, gilt: Sobald es mit dem Wichtigsten in deinem Leben kollidiert, ist es entweder keine Option – oder es muss passend gemacht werden. Außerdem gibt es daneben vielleicht weitere Bedingungen, die dir so wichtig sind, dass jedes deiner Vorhaben sie unbedingt erfüllen muss. Zum Beispiel, dass alles, was du tust, grundsätzlich so umweltverträglich wie möglich sein soll. Oder auch, wie viel Geld dir ein Auftrag oder Projekt mindestens einbringen muss. Oder dass alle deine Anschaffungen immer nur so viel kosten dürfen, dass dir monatlich noch ein ganz bestimmter finanzieller Spielraum bleibt.

Nicht verhandelbar sind:

1. _____

2 _____

3. _____

4. _____

5. _____

Bei mir stehen auf dieser Liste zum Beispiel:
1. Meine Gesundheit
2. Zeit für meine Kids
3. Das Zusammensein mit meiner Frau
4. Meine finanzielle Freiheit
5. Meine Entscheidungsfreiheit

Das ist eine unglaublich wertvolle Checkliste. Mit ihrer Hilfe erkennst du schnell, ob ein Vorhaben oder ein Projekt deine ganz persönlichen Basisanforderungen erfüllt. Wie wichtig das ist, wird deutlich, wenn du dir einige ziemlich verbreitete Fallen vor Augen führst, vor denen dich diese Gedächtnisstütze bewahren kann. Tappst du dort hinein, rast du unter Umständen plötzlich mit Karacho in Richtung eines für dich falschen Ziels. Die erste Falle ist ...

... DIE ICH-FRAGE-JEMAND-DER-SICH-DAMIT-AUSKENNT-FALLE

Bevor wir uns für oder gegen etwas entscheiden, fragen wir oft andere Menschen um Rat, die wir als kompetent einschätzen. Das können zum Beispiel Freunde oder Geschwister sein. Oft sind das heutzutage aber Menschen, für deren Einschätzung wir etwas bezahlen. Das ist etwa der Fall, wenn du so richtig auf Nummer sicher gehen willst und dich an einen Coach, Berater oder anderen Experten wendest. Das Problem: Leider übernehmen wir die Ratschläge solcher Profis manchmal zu kritiklos. Das hat unter anderem damit zu tun, dass wir alles, wofür wir Opfer bringen – und das Honorar, das du dem Profi bezahlst, ist ein finanzielles Opfer –, automatisch für bedeutsamer halten. Das ist ein Trick unseres Gehirns, das Opfer vor uns zu rechtfertigen: War teuer, dann soll es jetzt auch gut sein. Außerdem ist es sehr menschlich, die Verantwortung über eine Entscheidung jemand anderem zuschieben zu wollen. Wir erhoffen uns vom anderen eine »objektiv richtige« Entscheidung. Die gibt's aber nicht, sondern in deinem Leben gibt es nur eine »subjektiv richtige« Entscheidung. Nämlich deine eigene.

Ich will dir erklären, was ich meine:

Nehmen wir mal an, du bist tatsächlich ein ausgemachter Familienmensch. Das ist dein Kern. Viel Zeit zu Hause mit deinen Kindern und deiner Partnerin oder deinem Partner zu verbringen, geht dir über alles. Weil ihr aber manchmal an eure finanziellen Grenzen stoßt, denkst du dir, dass es ideal wäre, ein paar Tausend Euro mehr im Jahr zu verdienen. Dagegen ist nichts einzuwenden, mehr Geld schadet nie. Und eine große Familie verursacht Kosten. So weit bin ich total bei dir.

Nehmen wir nun weiter an, du gehst mit diesem Wunsch – *Ich will mehr Geld verdienen* – zu einem Karriereberater alter Schule. Der analysiert deine Zeugnisse. Guckt sich an, was du bisher gemacht hast und was du gut kannst. Anhand deiner Unterlagen sieht er, dass du grandios organisieren und Teams locker führen kannst, tolle Ideen hast und fit in Sprachen bist. Also schlägt er dir vor, einen Job im internationalen Management anzustreben. Er rechnet dir vor, wie spitzenmäßig du dort verdienen kannst. Das ist sogar noch mehr, als du zu hoffen gewagt hattest. Außerdem scheint diese Arbeit – oberflächlich betrachtet – super zu dir zu passen.

An dieser Stelle passiert etwas mit deinem ursprünglichen Ziel. Etwas, was dir vielleicht gar nicht bewusst wird. Der Karriereberater schlägt dir nämlich vor, dein eigentliches Ziel *Ich will mehr Geld verdienen* ins Ziel *Ich will internationaler Manager werden* umzuwandeln. Aus seiner Perspektive ist das ein legitimer Vorschlag, denn was du kannst, sind perfekte Skills für einen internationalen Manager. Die Sache hat leider einen Haken. Sie berücksichtigt nicht deinen Kern, den Familienmenschen. Von dem weiß der Berater nichts, weil das natürlich nicht in deinen Zeugnissen und deinem Lebenslauf steht. Wenn du nun dem Tipp des Beraters folgst, weil du dich von *seiner* Begeisterung anstecken lässt und dich die Verdienstmöglichkeiten locken, übersiehst du etwas. Nämlich, dass die meisten Manager lange Arbeitstage haben, viel herumreisen und oft auch am Wochenende arbeiten müssen. Und zwar nicht nur vorübergehend – das wäre ja zu verschmerzen –, sondern ständig. Das, was dir im Leben am wichtigsten ist, die Zeit mit deiner Familie, bliebe zu großen Teilen auf der Strecke. So ein Job brächte dir zwar die gewünschte Kohle, und die Tätigkeit an sich machte dir wahrscheinlich sogar Spaß. Trotzdem würde er dich zwangsläufig unglücklich machen. Da kann der Job von außen betrachtet noch so perfekt sein.

Das Problem hier ist also nicht das ursprüngliche Ziel *Ich möchte mehr Geld verdienen*. Das Problem ist, dass du Gefahr läufst, dieses eigentliche Ziel auf eine Art und Weise zu präzisieren, dass es nicht mehr zu dir passt. Wenn du jetzt nicht gut aufpasst, lautet deine Zielvorgabe plötzlich – huch! – *Manager werden*. Dieses Ziel passt nicht zu einem Familienmenschen, das eigentliche Ziel *Mehr Geld verdienen* aber sehr wohl. *Manager werden* ist aber nur einer von vielen Wegen, den man einschlagen kann, um an das Ziel *mehr Geld* zu gelangen.

»Du selbst zu sein in einer Welt,
die dich ständig anders haben will,
ist der größte Erfolg von allen.«
Ralph Waldo Emerson

Dann gibt es noch ...

... DIE DAS-IST-EINE-EINMALIGE-GELEGENHEIT-FALLE

Mit diesem psychologischen Trick arbeiten Supermärkte
bei Sonderangeboten oder auch Verkäufer auf Kaffeefahr-
ten: »So günstig wird es diese unglaublich energieeffektive,
formschöne Heizdecke im exklusiven Pappkarton-Beige nie
wieder geben. Entscheiden Sie sich JETZT! Später ist es zu
spät!« Ob die Rentner, denen diese unschlagbaren Argu-
mente präsentiert werden, die Heizdecke überhaupt brauchen, weil sie vielleicht schon drei Stück zu Hause haben
oder generell nicht zum Frieren neigen, ist ihnen da völlig
egal.

Okay, ich vermute jetzt einfach mal, dass es in deinem
Leben eher selten um Heizdecken geht. Aber vielleicht
kennst du dieses Prinzip trotzdem. Wenn dir etwa plötzlich die Teilnahme an einem tollen Projekt angeboten wird
und du in kurzer Zeit zu- oder absagen sollst. Im Beispiel
von vorhin würde der Berater vielleicht plötzlich einen Top-
Job im Management aus seiner Datenbank zaubern und
dir erklären, dass er dort ein gutes Wort für dich einlegen
könnte. Vorausgesetzt, du entscheidest dich schnell. Auch in
so einem Fall ist man oft geneigt, seine Bedenken beiseite-
zuschieben oder zu vergessen, was einem im Grunde des
Herzens wichtig ist. Oft ist die *Einmalige-Gelegenheit*-Falle
auch noch mit der folgenden gekoppelt:

... DIE DU-BIST-UNSER-TRAUMKANDIDAT-FALLE

Komplimente machen mürbe. Wenn dir jemand erzählt, dass du, nur du, der oder die absolut Beste für dieses einmalige Projekt bist und alle Beteiligten megaglücklich wären, wenn du, nur du, bitte ganz schnell zusagst, ist das schon ziemlich schmeichelhaft. Aber es ist auch gefährlich, weil du dadurch möglicherweise in Versuchung geführt wirst, ohne größeres Nachdenken Zusagen von (für dich) großer Tragweite zu geben. Gerade, wenn man so ein Gesäusel nicht gewohnt ist. Da ich in der Öffentlichkeit stehe, wollen mich häufig Unternehmen zur Zusammenarbeit gewinnen und mir wird nahezu täglich solcher Honig um den (nicht vorhandenen) Bart geschmiert. Darum bin ich in dieser Hinsicht inzwischen ziemlich immun und höre durch die Komplimente hindurch. So merke ich ziemlich schnell, wenn ich zu etwas überredet werden soll. Es gab Zeiten, da war das noch ganz anders. Als ich nach der Wende unbedingt schnell viel Geld verdienen wollte, war ich etwa sehr stolz, als der Typ mit dem lila Anzug, der Brille, dem dünnen Bärtchen und der Dauerwelle von einer »Vermögensberatung« mich dazu beglückwünschte, dass ich die Zeichen der Zeit erkannt und dadurch nun die Gelegenheit hätte, als Finanzberater für seine Firma das ganz große Geld zu machen. (Ich muss vermutlich nicht erwähnen, dass das nicht ganz so geklappt hat, wie ich es mir versprochen habe?*)

Zu guter Letzt – oder besser zu schlechter Letzt – gibt es noch ...

---

* Dich interessiert die ganze Geschichte? Sie steht in meinem Buch *Heimkind – Neger – Pionier. Mein Leben*, das im Wunderlich-Verlag erschienen ist.

... DIE SO-IST-DAS-EBEN-FALLE

Diese Falle ist besonders subtil. Es geht dabei nämlich um den – nicht immer bewussten – Einfluss von Menschen, denen wir vertrauen und die wir lieben. Oder die ganz einfach ständig um uns herum sind. Fast immer haben uns nämlich die Werte und Einstellungen der Menschen in unserer unmittelbaren Umgebung schon früh darauf gepolt, bestimmte Dinge für erstrebenswert oder schlicht für möglich zu halten.

Wenn du beispielsweise von Kindesbeinen an von der ganzen Familie gehört hast, dass du später die Arztpraxis deiner Eltern übernehmen wirst, kann es sein, dass du dieses Ziel als dein eigenes ansiehst. Du bist dann überzeugt, es sei *deine* Bestimmung, Medizin zu studieren, einen guten Abschluss zu machen und dann in die Praxis einzusteigen. Dabei handelt es sich in Wahrheit nur um den Wunsch – die Vision – deiner Eltern. Sie sind es, die sich genau ausgemalt haben, wie du eines Tages in ihre Fußstapfen trittst. Kleine Kinder sind sehr suggestibel, das heißt, sie übernehmen die Ansichten und Wünsche ihrer Vertrauenspersonen erst mal ohne Kritik. Als Kind hast du dir keine Gedanken darüber gemacht. Und irgendwann ist es einfach so: Du wirst Ärztin oder Arzt. Punkt. Das kann als unbewusste Programmierung dazu führen, dass du alles, was dich begeistert, von vornherein nie ernsthaft weiterverfolgst. Dann siehst du alle deine Interessen, die nicht dazu passen, nie als berufliche Möglichkeit, sondern höchstens als Freizeitspaß. Denn: Du wirst ja Arzt oder Ärztin. Dass du eigentlich lieber etwas ganz anderes tun möchtest, den Gedanken gestattest du dir nicht mal. Du ignorierst, was dich eigentlich glücklich macht, denn es passt nicht zu der Vision, die du übernommen hast.

Es müssen aber nicht unbedingt die Eltern sein. Erwartungen deines Umfeldes können immer einen sehr starken

Einfluss haben. Es ist möglich, dass du in einem Milieu aufgewachsen bist, in dem »man« auf jeden Fall Akademiker wird. Oder Handwerker. Oder Landwirt. Oder Künstler. Subtile Erwartungen müssen natürlich nicht nur den Beruf betreffen. Es kann auch um Hobbys gehen, die entweder akzeptiert sind oder dich zum Sonderling machen, je nachdem, wo du dich gerade befindest. Auf dem Land ist »man« eben im Schützenverein, in Prenzlauer Berg erntest du mit dem Hobby eher hochgezogene Augenbrauen. Es kann auch den Zeitpunkt betreffen, an dem man »normalerweise« eine Familie gründet, oder an welchem Ort man lebt. Solche Erwartungen können jeden Aspekt des Lebens berühren. Da musst du erst mal auf die Idee kommen, dass es eventuell auch noch was anderes gibt. Und dass es das nicht nur gibt, sondern dass es auch geht! Dass es dir absolut erlaubt ist, zu tun, was du willst! Egal, was die anderen denken!

Versteh mich bitte nicht falsch! Es kann absolut sein, dass du von ganzem Herzen das tun möchtest, was dein Umfeld zufällig auch total super findet. Aber es sollte dir dann auch bewusst sein, dass du genau dieses Ziel von ganzem Herzen verfolgen willst und nicht nur, »weil man das eben so macht«.

WAS BEDEUTEN DIESE BEISPIELE FÜR DICH?

Gerade, wenn es um große Entscheidungen geht, die Einfluss darauf haben, wie in näherer Zukunft ein Großteil deines Lebens aussehen wird, gilt: Lass dich mit der Entscheidung nicht stressen! Sei skeptisch, wenn jemand buchstäblich neben dir steht und darauf drängt, dass du endlich »Nägel mit Köpfen« machst. Dabei ist es total egal, ob es um eine neue Stelle, eine Ausbildung, die Gründung einer Firma oder auch ein Projekt geht, das viel deiner Zeit beanspruchen würde.

Klopfe vor allem Vorschläge und Tipps, die von außen kommen – ob nun von Karrierecoaches, deinem Chef, einem Lehrer oder Ausbilder, der Familie oder Freunden, ist völlig wurst –, immer in Ruhe darauf ab, ob sie wirklich dein *cup of tea* sind. Das heißt nicht, dass du dir Vorschläge und andere Standpunkte nicht anhören solltest. Oft gibt das tolle neue Impulse und bringt dich auf Ideen. Aber manchmal ist die Begeisterung anderer Personen für eine Sache so groß, dass wir uns anstecken lassen und mögliches Grummeln im Bauch ignorieren. Und stell dir mal vor, die Ratschläge deiner Ratgeber widersprechen sich. Was passiert, wenn der eine, der dir wichtig ist, sagt: »Hey, du bist hier speckig, nimm mal ab!«, und der nächste, der dir auch wichtig ist, findet: »Mensch, du bist echt ein dürrer Hering, nimm mal etwas zu!« Richtest du dich hier nach deinem Umfeld, landest du in einem ewigen Jo-Jo-Effekt. Denke immer dran: Die anderen können nur aus ihrer ganz persönlichen Perspektive auf deine Fragestellung gucken und raten oft zu dem, was sie selbst tun würden. Aber die anderen sind nicht du. Du willst dich mit dir wohlfühlen. Dann ist es auch egal, was die anderen sagen.

Am besten drückst du Coaches und Co. direkt eine Liste mit deinen nicht verhandelbaren Punkten in die Hand und fragst dich immer: Wie fühle ich mich mit diesem Ziel? Fühle ich mich damit gegroundet? Ganz in meiner Mitte?

Besonders aufmerksam solltest du sein, falls ein wichtiges Detail deines Lebens scheinbar »schon immer« vorgezeichnet war. Dann ist mein dringender Tipp: Erlaube dir – nur so zum Spaß – die Frage: Gibt es möglicherweise noch was anderes, was mich glücklich macht? Am Ende bist du es nämlich, der den Weg gehen wird. Kein Berater, nicht deine Verwandtschaft, nicht die Leute in deinem Viertel und auch nicht dein bester Freund. Es geht um deine Zeit und dein Leben. Und darüber solltest allein du entscheiden!

Wichtig: Ich rate dir hier absolut nicht, jedes Angebot und jede Gelegenheit zu zergrübeln, bis die Chance unwiederbringlich vorüber ist. Ich rate dir aber, immer die Checkliste deiner nicht verhandelbaren Bedingungen im Hinterkopf zu haben. Ich rate dir, deine eigenen Bedürfnisse ernster zu nehmen als die Erwartungen deiner Umgebung! Wenn dir diese Haltung in Fleisch und Blut übergeht, dann erkennst du bald ratzfatz, ob eine Gelegenheit auch wirklich eine gute ist. Bis es so weit ist, kannst du dich eines tollen Tools bedienen, das du immer dabeihast:

BEFRAGE DEINEN ALLWISSENDEN BAUCH

Es gibt ein fantastisches Hilfsmittel, das dir helfen kann, wenn du Zweifel hast, ob ein Vorhaben wirklich zu dir passt: dein Bauchhirn. Der New Yorker Neurologe Michael Gershon hat es entdeckt: 100 Millionen Nervenzellen im Verdauungstrakt, exakt die gleichen Neuronen- und Rezeptortypen wie im Gehirn, die mit den gleichen Botenstoffen funktionieren – und darüber auch über die sogenannte Darm-Hirn-Achse mit dem Kopf kommunizieren. Ein anderer Neurowissenschaftler, Emeran Mayer, hat festgestellt, dass wir alle emotionalen Erfahrungen von frühester Kindheit an tatsächlich als jederzeit abrufbare Gefühle in diesem Bauchhirn speichern. Das bedeutet: Dein Bauch weiß, was dir gut tut und was nicht! Und das teilt er dir selbst dann mit, wenn du dir »nur« etwas vorstellst. Dein Gehirn kann nämlich nicht zwischen Vorstellung und Realität unterscheiden. Das kannst du dir zunutze machen. Dazu entwickelst du kurzfristig eine Test-Vision deines Ziels und schaust, ob sie in der Lage ist, dich positiv mitzureißen.

Übung: Kurztrip in die Zukunft

Bevor du die folgende Visualisierungsübung durchführen kannst, ist manchmal ein bisschen Vorbereitung notwendig. Weniger, wenn du zehn Kilo abnehmen willst oder dich fragst, ob du deine Beziehung wirklich beenden sollst – in solchen Fällen kannst du direkt mit der Visualisierung loslegen. Aber gerade, wenn es um Dinge geht, die du noch nie gemacht hast, oder um eine große Entscheidung, etwa für oder gegen den Kauf eines Hauses, brauchen dein Kopf und dein Bauch ein bisschen Input. Bringe in solchen Fällen zunächst so viel wie möglich über dein Vorhaben in Erfahrung. Genauer: Was erwartet dich, solltest du es in die Tat umsetzen? Werde Reporter in eigener Sache. Recherchiere. Interviewe Menschen, die schon getan haben, was du (vielleicht) auch tun willst. Möchtest du – beispielsweise – beim Ironman mitmachen, sprich mit jemandem, der schon mal dabei war. Frage nach dem Training, dem Zeitaufwand, den Voraussetzungen. Willst du ein Haus kaufen, gucke es dir genau an. Fahre hin und gehe spazieren. Wo ist der nächste Park, wo würdest du einkaufen, was täglich sehen und hören? Schaue auch auf damit verbundene Details, etwa, wie viel du monatlich zum Abbezahlen eines dafür aufgenommenen Kredites aufbringen musst und ob du das problemlos schaffen kannst.

Geht es um einen Beruf, frage jemanden, der ihn bereits ausübt. Erkundige dich nach den Highlights des Jobs, aber auch nach den Schattenseiten. Frage nach dem Tagesablauf und was genau zu tun ist. Schau der Person möglichst auch einmal »live« über die Schulter. Hast du etwas mehr Zeit zur Verfügung, kannst du ein Praktikum machen. Schaue Dokumentationen. Lies Bücher und Blogs, die dir einen Einblick vermitteln. Zusammengefasst: Nutze alle Quellen, die dir eine Vorstellung davon vermitteln, was dich erwartet. Die

Zeit, die du darauf aufwendest, sollte natürlich in einem vernünftigen Verhältnis zur Größe des Vorhabens stehen. Bei der Berufswahl darf es deutlich mehr sein, bei anderen Dingen reicht manchmal schon eine halbe Stunde. Oft merkst du bereits während der Recherche, ob das Vorhaben tatsächlich etwas für dich ist und ob du wirklich das gesteckte Ziel erreichen willst – oder nicht. Falls du noch unsicher bist, gehe wie folgt vor:

1. Tu etwas, was dich entspannt. Ich mache dazu gerne Kurzmeditationen per App auf dem Handy, du kannst aber auch einfach Yoga oder eine Atemübung machen, joggen gehen oder eine andere Methode anwenden wie progressive Muskelentspannung. Mach, was für dich funktioniert. Begib dich dann an einen Ort, wo du eine Weile ungestört bist. Setze oder lege dich bequem hin. Schließe die Augen. Rufe dir nun in Erinnerung, was dir im Leben besonders wichtig ist – also all das, was du vorhin notiert hast. Das, was das Verfolgen und Erreichen eines Ziels höchstens vorübergehend, aber auf keinen Fall dauerhaft beeinträchtigen darf. Sieh diesen Bereich oder diese Bereiche des Lebens einige Minuten plastisch vor dir. Es reicht, wenn du dir das auf diese Weise einmal ganz bewusst machst. Dann ist dein Unterbewusstsein darauf gepolt. Das heißt, du hast dann diese Grundbedingungen im Hinterkopf und musst im nächsten Schritt nicht ständig bewusst daran denken, was die Visualisierung stören würde. In der Psychologie wird dieses Vorbereiten übrigens »Priming« genannt. Ein erster Reiz, auch ein gedanklicher, der alle folgenden Eindrücke in eine gewünschte Richtung kanalisiert.

2. Nun sieh und fühle dich bereits am Ziel, so gut du kannst. Lautet die Zielbeschreibung, wie im Beispiel vorhin, »Ärztin« oder »Arzt«, spule im Kopfkino vor: Durchlebe gedanklich so real wie möglich einen Tag im Krankenhaus oder in der Praxis. Stell dir vor, wie du morgens aufstehst und zur Arbeit fährst. Wie du deine Kollegen begrüßt. Wie es an deinem Arbeitsplatz riecht. Wie du Menschen mit unterschiedlichen, leichten oder schweren Krankheiten untersuchst und behandelst. Wie du Spritzen gibst und Operationen durchführst. Wie du zwischen deinen Konsultationen Fachliteratur wälzt. Wie du Tag-, Nacht-, Spät- und Frühschichten schiebst oder Bereitschaftsdienst hast. Stelle dir auch vor, wie deine Freizeit aussehen wird, wenn du diesen Beruf ergreifst.

Willst du zehn Kilo abnehmen, stelle dir vor, du hast das schon geschafft. Wie fühlst du dich dann? Ist dein Leben im wahrsten Sinne des Wortes leichter? Oder ist es dir eigentlich egal? Achte während dieser Visualisierung immer auf die Gefühle in deinem Bauch. Ist da in freudiges Kribbeln? Begeisterung? Vorfreude? Spaß? Fühlt sich alles besser an? Richtig geil? Das sind gute Zeichen, die für dieses Vorhaben sprechen. Wenn aber die intensive Vorstellung nichts als Gleichgültigkeit oder Langeweile in dir hervorruft, ist Vorsicht geboten. Erst recht, wenn du negative Gefühle spürst wie Abwehr, Ekel oder Angst.

3. Schlafe eine Nacht darüber. Es kann sein, dass du unmittelbar nach dieser Visualisierungsübung immer noch nicht sicher bist, was du denken oder fühlen sollst. Aber du hast deinem Unterbewusstsein mit dieser Visualisierung den klaren Auftrag gegeben, herauszufinden, ob das Ziel zu dir passt. Mit großer Wahrscheinlichkeit wirst du am nächsten Morgen aufwachen und wissen, was du am besten tust – und was nicht.

Als ich das Angebot bekam, bei *Dancing on Ice* mitzumachen, habe auch ich mir ganz genau vorgestellt, wie es sich wohl anfühlen wird, Eistanz zu lernen und dann das

Gelernte vor einer strengen Jury und möglicherweise Millionen von Fernsehzuschauern zu präsentieren. Ich habe mich gefragt: Ist diese Herausforderung, von 0 (nicht mal Schlittschuh laufen zu können) auf 100 (Eistanz zu machen) etwas, was meinem Wesen entspricht? Bin ich dabei authentisch? Diese Fragen konnte ich schnell mit einem fetten JA beantworten. Etwas, das eigentlich unschaffbar scheint, doch zu schaffen, ist nämlich genau mein Ding. Und auch wenn mir meine Familie alles bedeutet, war von vornherein klar, dass der Zeitaufwand für diese Unternehmung nur vorübergehend sein würde. Ein paar Monate, dann wäre ich wieder ganz für meine Lieben da. Doch bevor ich endgültig zusagte, galt es, noch eine weitere Frage zu klären:

TÜV-FRAGE 2: BRINGT MICH DAS, WAS ICH VORHABE, PERSÖNLICH WEITER?

Ebenfalls eine wichtige Frage, die du dir bei jedem Vorhaben stellen solltest. Angenommen, du lernst Gitarre und kannst schon fehlerfrei *Hänschen klein* spielen. Fühlt es sich dann wohl spannend an, dieses *Hänschen klein* vor Oma und Opa zum Besten zu geben? Vermutlich nicht, oder? Da wäre es doch irgendwie toller, *Smoke on the Water* nach allen Regeln der Kunst zu performen – und vielleicht eine Band zu gründen. Mit dieser Band auf der Bühne zu stehen. Eigene Songs zu schreiben.

Was ich dir damit sagen will: Ein gutes Ziel muss eine Herausforderung sein, es muss dich kitzeln. Du musst dir genau vorstellen können, wie gigantisch es sich anfühlt, wenn du das Ziel erreicht hast. Ein Ziel, das Schweiß und Anstrengung kostet und vielleicht manchmal auch Überwindung, aber das jeden einzelnen Schritt auf deinen Erfolg zu wert ist. Du brauchst dieses erwartungsvolle Kribbeln im Bauch. Wenn das nicht da ist, stimmt es noch nicht.

Das heißt: Auch wenn dir eine Sache grundsätzlich liegt – sie also den Test aus Frage Nummer eins mit Sternchen bestanden hat –, solltest du die Latte so hoch legen, dass du dich anstrengen musst, um über sie hinwegzuspringen.

Warum das so wichtig ist? Weil du dir sonst dein Zielfähnchen genau an den Punkt setzt, an dem du bereits stehst. Denk nur einmal an Sport. Egal, was du trainierst: Muskeln, Kondition und auch die Koordination benötigen jeweils Reize, die über die Reize aus dem letzten Training hinausgehen. Sonst wachsen weder die Muskeln noch die Kondition. Und auch deine Fähigkeit, Bewegungen zu koordinieren – zum Beispiel beim Tanzen –, bleibt exakt so, wie sie bereits war.

Okay, falls es lediglich dein sportliches Ziel ist, dem Muskelabbau mit zunehmendem Alter entgegenzuwirken, mag das zur Erfüllung dieses Vorhabens genug sein. Allerdings wird es mit ziemlicher Wahrscheinlichkeit früher oder später unerträglich langweilig, immer ganz genau dasselbe zu machen. Und wenn etwas langweilig wird, hast du eines Tages keine Lust mehr und wirfst das Handtuch. In allen anderen Lebensbereichen gilt das ganz genauso. Überleg doch mal, wie willst du von etwas Langweiligem eine Vision entwickeln, die dich begeistert? Das geht nicht! Egal, worum es geht, du brauchst eine Challenge! Dann kannst du nämlich nicht nur stolz auf dich sein, wenn du dein Ziel erreichst. Sondern du kannst dir von Anfang an auf die Schulter klopfen, dass du die Challenge annimmst.

Kommen wir noch einmal zurück zu *Dancing on Ice*. Da ging es um Tanz auf Schlittschuhen, und ich konnte vor meiner Teilnahme, wie gesagt, nicht mal Schlittschuh Laufen. Exakt das hat mich gereizt. Auch wenn ich genau wusste, dass es nicht leicht werden wird. Gerade deswegen.

Bei der Tanzshow *Let's Dance* hätte ich zum Beispiel nicht mitgemacht. Und das, obwohl ich da super hätte zeigen können, was ich draufhabe. Aber das wäre das Problem gewesen: Ich kann es ja bereits. Schließlich bin ich selbst Choreograf und Tänzer. Deswegen hätte ich bei *Let's Dance* nur verlieren können. Käme ich bei *Let's Dance* nicht ins Finale, würden alle sagen (allen voran ich zu mir selbst): Mensch, der Soost ist doch Profitänzer und Choreograf! So weit ist es mit seinen Künsten wohl doch nicht her! Gewänne ich wiederum, hieße es: Aber das ist ja unfair, der ist doch Tänzer und Choreograf! Und nicht nur die Zuschauer hätten das gedacht – auch ich. In so einem Format kann ich also nur verlieren. Vor allem vor mir selbst.

Mein Nichtkönnen war bei *Dancing on Ice* aus dieser Perspektive ein Riesenvorteil. Ich konnte klar festhalten: Auf dem Eis habe ich vorher noch nie gestanden. Ich bin ein absoluter Anfänger. Selbst ganz ohne andere Mitstreiter hätte es für mich darum etwas zu gewinnen gegeben: Ich hatte nämlich die Chance, etwas völlig Neues zu lernen. Auch wenn ich ganz am Anfang schon ausscheiden würde und bei der ganzen Sache »nur« Schlittschuhlaufen lernte, konnte ich in Zukunft zu meinen Kindern im Winter sagen: Sollen wir zusammen eislaufen gehen? Das ist doch schon ein großartiger Gewinn!

TÜV-FRAGE 3: HABE ICH EINE REELLE CHANCE, DAS ZIEL ZU ERREICHEN?

Grundsätzlich bin ich davon überzeugt, dass wir fast alles erreichen können. Jedenfalls viel mehr, als wir uns im ersten Moment vorstellen können. Der Punkt ist, anzufangen und sich konsequent auf das Ziel zuzubewegen. Selbst wenn wir in einer Sache kein Talent mitbringen, gleicht regelmäßiges Üben das fast immer aus! Wenn du jeden Tag ein paar Stunden Klavier übst, kannst du es irgendwann. Es dauert dann vielleicht ein bisschen länger, bis du in der Sache zum Könner wirst. Aber wenn du es wirklich willst, kannst du fast jedes Ziel trotzdem erreichen.

Ein gutes Beispiel dafür ist, dass fast jeder mit achtzehn den Führerschein macht. Die einen brauchen dafür ein paar Fahrstunden mehr, andere rasseln erst mal durch die Fahrprüfung. Trotzdem lässt sich so gut wie niemand von solchen vermeintlichen »Misserfolgen« davon abbringen, an der Sache dranzubleiben. Keiner denkt: Ich habe nicht das Zeug dazu, den Führerschein zu machen. Und eines Tages halten auch die Leute, bei denen es zwischenzeitlich ein wenig gehakt hat, den »Lappen« in der Hand. Denn die Motivation, den Führerschein zu machen, ist riesengroß. Der Führerschein, das bedeutet Erwachsensein und Freiheit und eine ganze Reihe neuer Möglichkeiten. Das will sich niemand entgehen lassen. Also bleibt man an diesem Ziel dran.

Wenn allerdings ein Fisch vom Fliegen träumt, wird es schwierig. Was ich damit sagen will: Du musst die Hardware mitbringen, die erforderlich ist, um dein Ziel zu erreichen. Jemand, der zwei Meter groß ist, kann beispielsweise kein Jockey werden. Leute mit mehr als minus drei Dioptrien werden nicht für die Pilotenausbildung bei einer Fluglinie akzeptiert. Mit Piepsstimmchen ist die Karriere als Opernstar eher unwahrscheinlich. Und wenn du umkippst, sobald du Blut siehst, ist Chirurg oder Gerichtsmediziner eher nicht der Job, den du ergreifen solltest.

Zum Glück gibt es wirklich selten solche absoluten No-Gos. Ich kenne einen farbenblinden und sehr erfolgreichen Fotografen, der großartige Bilder macht – in Farbe. Und eine fünfzigjährige Profisportlerin, die einen Sieg nach dem anderen einheimst – obwohl ihr vor 25 Jahren nach einer Verletzung gesagt wurde, dass es nun aus sei mit dem Sport. Es gibt Gitarristen ohne Hände, die mit Prothesen spielen. Und einen Mann mit künstlichem Hüftgelenk, der mit seiner Partnerin *Schwanensee* auf dem Eis getanzt hat, obwohl er ein paar Wochen zuvor noch nie auf Kufen gestanden hat: mich nämlich. Fast immer wird die objektive Antwort auf die Frage, ob du eine reelle Chance hast, das Ziel zu erreichen, also »Ja!« lauten. Die wichtigsten Voraussetzungen haben mit deinen körperlichen Gegebenheiten sowieso rein gar nichts zu tun.

Die wichtigsten Voraussetzungen zum Erreichen deiner Ziele befinden sich in deinem Kopf.

Erstens musst du das Ziel wirklich erreichen wollen. Genau wie die Fahrschüler, die unbedingt endlich in den Genuss der Freiheit kommen wollen, die ihnen der Führerschein verspricht.

Zweitens musst du fest davon überzeugt sein, dass es möglich ist, dieses bestimmte Ziel zu erreichen. Und zwar nicht nur irgendjemandem, sondern dir. Dir ganz persönlich. Es nützt nichts, wenn du weißt, dass Lieselotte Müller es auch schon geschafft hat, wenn du nicht davon überzeugt bist, dass die »Schaffbarkeit« auch für dich gilt.

Vielleicht wunderst du dich jetzt gerade ein bisschen. Schließlich habe ich dir eben erst erzählt, dass dein Ziel eine Herausforderung sein soll, weil du sonst keine Motivation entwickeln kannst. Trotzdem darf die Challenge nicht so gigantisch sein, dass du den Glauben daran, sie grundsätzlich bewältigen zu können, verlierst. (Ich werde dir aber in Kürze noch zeigen, wie du den Glauben an die Kraft, die in dir steckt, stärkst – denn du kannst mit Sicherheit viel mehr, als du dir aktuell zutraust.)

TÜV-FRAGE 4: BIN ICH BEREIT, BEI DER ERREICHUNG DES ZIELES *ALL IN* ZU GEHEN?

Um diese Frage beantworten zu können, ist es erst mal notwendig, grob zu umreißen, wie groß der Aufwand – also das *All in* – wahrscheinlich ist. Dabei hilft dir deine Recherche, die du für die Übung »Kurztrip in die Zukunft« bei TÜV-Frage 1 bereits gemacht hast. Anhand dieser Erkundigungen kannst du schon ganz gut abschätzen, was dir das Verfolgen des Ziels abverlangen wird. Je mehr du über dein Vorhaben weißt, umso besser kannst du auch schon einen allerersten ungefähren Plan umreißen, wie du das Ziel zu erreichen gedenkst. Und dann kannst du beurteilen, ob du bereit bist, diesen Weg zu gehen.

Noch mal zurück zu meinem *Dancing on Ice*-Beispiel. Wie schon gesagt, lag mein Fokus dabei *nicht* auf der Frage: Wie groß ist der Aufwand, um zu gewinnen? Dafür waren mir die anderen Teilnehmer viel zu undurchsichtig. Ich wusste nicht, mit welchen Voraussetzungen und welcher Vorerfahrung sie aufs Eis gehen würden. Ich musste stattdessen für mich beantworten: Kriege ich es in der Kürze der Zeit hin, Schlittschuhlaufen *und* Eistanz so zu lernen, dass ich im Fernsehen keine völlige Lachnummer abgebe? Und vor allem: Was muss ich dafür tun? Schnell wurde mir klar, dass ich so eine große Herausforderung nicht so nebenbei wuppen würde. Ich würde das nur hinbekommen, wenn ich deutlich mehr trainierte als die anderen. Wenn ich, neben dem Training von der Produktionsfirma, noch privates Training nähme. Das wiederum würde bedeuten, dass ich in dieser Zeit nichts anderes würde machen können und dass ich wahrscheinlich auch am Wochenende weitertrainieren müsste – während der Livesendungen, die jeweils an einem

Sonntag stattfanden, sowieso. Ich würde meine Familie für die Zeit der Vorbereitungen bis zu dem Tag, an dem ich gewinnen oder ausscheiden würde, nur wenig zu Gesicht bekommen. Und ich würde wichtige geschäftliche Aufgaben vorübergehend an Mitarbeiter delegieren müssen.

Ich machte mir also all das bewusst. Dabei habe ich nichts beschönigt, sondern mich vorsichtshalber auf mehr Aufwand gefasst gemacht, als ich mir gerade vorstellen konnte. Ich ließ das auf mich wirken. Schlief drüber. Bis ich meinem Spiegelbild sagen konnte: Ich will das machen! Und dann machte ich mein Commitment, ich sagte zu.

Zusammenfassung der wichtigsten Punkte dieses Kapitels:

✖ Nur Ziele, die nicht mit dem kollidieren, was dir am wichtigsten ist, können gute Ziele sein!

✖ Erstelle eine Checkliste deiner persönlichen Basisbedingungen. Sie hilft dir, schnell gute Entscheidungen zu treffen.

✖ Eine Herausforderung muss sich genau zwischen zwei Polen bewegen: Sie muss groß genug sein, dich zu reizen. Aber sie darf nicht so groß sein, dass du davor kapitulierst. Du musst immer daran glauben können, dass du es schaffen kannst.

✖ Nur wenn du bereit bist, dein Ziel mit dem nötigen Einsatz zu verfolgen, kannst du es auch erreichen!

6 DER FILM IN DEINEM KOPF

> *»Fantasie ist nicht Ausflucht. Denn sich*
> *etwas vorstellen heißt, eine Welt bauen,*
> *eine Welt erschaffen.«*
> Eugène Ionesco

Es ist so weit: Wir werden jetzt gemeinsam dein aktuelles Ziel zu einer unwiderstehlichen Vision machen. Eine Vision, die dich magisch anzieht und dich so automatisch auf den Weg zu deinem Ziel bringt.

Denke jetzt bitte noch einmal an Kapitel eins zurück. Da hast du gesehen, wie schnell ein Gedanke zu einer Vision werden kann. Erst ist da nur der Impuls aus deinem Körper, dein Blutzuckerspiegel fällt ein bisschen. Du bekommst Lust auf etwas Süßes. Diesen Impuls nimmst du wahr und machst ihn zu einem bewussten Gedanken: Oh, ich habe Lust auf etwas Süßes! Du denkst nach, was du am liebsten naschen möchtest, und dir wird klar: Ich möchte einen Eisbecher mit Schokoeis und Sahne! Dieses konkrete Ziel wandelt dein Gehirn in ein Bild um. Falls du nicht so ein visueller Mensch bist, ist das Bild vielleicht nicht gestochen scharf wie ein Foto, aber da ist trotzdem der deutliche Gedanke an einen Schokoeisbecher mit Sahne und vor allem ein damit verbundenes Gefühl. In jedem Fall hast du nun deine Vision. So verlockend, dass du dich entscheidest, sie umgehend wahr zu machen. Du pilgerst in die nächste Eisdiele und erklärst an der Eistheke: »Drei Kugeln Schoko im Becher mit Sahne.«

Bitte erlaube mir an dieser Stelle eine kurze Zwischenfrage: Woran denkst du gerade? Lass mich raten! Du denkst an einen Schokoeisbecher mit Sahne! Die Worte in meinem Beispiel haben auch dir automatisch dieses Bild vor dein inneres Auge gezaubert. Möglicherweise wird dieses Bild für dich jetzt auch zu einer Vision. Dann nämlich, wenn du davon ebenfalls Lust bekommst, ein solches Eis zu essen.

Vielleicht ist aber auch Schokoeis nicht so dein Geschmack, du stehst eher auf Erdbeer und Aprikose. Oder du hast in diesem Moment viel mehr Appetit auf etwas Herzhaftes. Es kann auch sein, dass du gerade schon ein Stück Kuchen gegessen hast und dein Süßhunger gestillt ist. Vielleicht machst du dir auch generell nichts aus Süßkram. In all diesen Fällen siehst du zwar den Eisbecher vor dir, aber er macht dich nicht an. Er ist keine Vision. Und darum wirst du mit ziemlicher Sicherheit auch nicht losziehen, um dir genau so ein Eis zu besorgen.

Was heißt das im Klartext? Exakt: Bevor ein durch Worte hervorgerufenes Bild zu einer Vision wird, brauchst du noch eine zweite Zutat, nämlich eine Emotion. Daraus ergibt sich die Formel:

Bild im Kopf + Emotion = Vision

Das ist aber noch nicht alles. Damit die Vision unwiderstehlich wird und du losziehst und dir das Eis besorgst, muss diese Emotion eine positive sein. Du musst grundsätzlich Eis mögen – und außerdem gerade Lust darauf bekommen. Positive Visionen können dich sehr stark motivieren, sie in die Tat umzusetzen. Nehmen wir aber mal an, Schokoeis ist zufälligerweise das Ekligste, was du dir vorstellen kannst. Du hast als Kind einmal zu viel davon gegessen und seitdem geht Schokoeis gar nicht. In diesem Fall hast du zwar auch eine Emotion, allerdings eine negative. Dann hast du auch eine Vision, die fungiert dann allerdings eher als ein inneres Warnschild: Achtung, Alarm, Schokoeisbecher! Unter allen Umständen vermeiden! Bietet dir jemand einen an, wirst du ablehnen, weil dir schon bei dem Gedanken daran schlecht wird. Das ist eine emotionale Erinnerung, die in deinem Bauchhirn abgespeichert ist. Eine negative Vision hat also keinen anziehenden, sondern einen abstoßenden Effekt.

Was bedeutet das für dich und dein Ziel?

Richtig: Damit es dich anregt, dich in Richtung seiner Verwirklichung in Bewegung zu setzen, sollte die Vorstellung vom Erreichen des Ziels positive Emotionen in dir hervorrufen.

NEGATIVE VISIONEN UND POSITIVE VISIONEN

Gesetzt den Fall, du hast dir vorgenommen, in Zukunft mehr Sport zu machen. Du hast diesen (zu) allgemeinen Vorsatz inzwischen auch, wie in Kapitel vier empfohlen, zu einem Ziel präzisiert. Deine Zielformulierung lautet im Augenblick:

Ich gehe viermal pro Woche nach der Arbeit joggen.

Jetzt kannst du dir relativ genau vorstellen, was zu tun ist: Du ziehst dir viermal die Woche deine Laufschuhe an und läufst los. Das allein ruft bei dir aber noch nicht unbedingt eine positive Emotion hervor. Schlimmer, es kann sogar das Gegenteil der Fall sein. Du denkst insgeheim: Ja, ich *muss* das wirklich mal machen, was bin ich nur für ein Schlaffi geworden! Aber weil du lange nicht mehr gelaufen bist, befürchtest du, dass es sicher erst mal sehr anstrengend sein wird, bis du deine Kondition wieder aufgebaut hast. Du denkst daran, wie du schwitzt und keuchst, Seitenstechen bekommst und zunächst so langsam läufst, dass du sogar noch von einer Oma mit Rollator überholt werden kannst. Du denkst daran, dass du bei einem Lauftraining viermal die Woche bestimmt oft auch bei Regen, Sturm und Kälte rausmüsstest ...

Du bist drauf und dran, eine negative Vision von deinem Joggingvorsatz zu entwickeln. Plötzlich beginnst du zu zweifeln, ob dein Vorsatz eine gute Idee war. Passt du jetzt nicht auf, begräbst du deinen Plan vom Lauftraining schon, bevor du überhaupt einmal vor die Tür gekommen bist.

Lass es nicht so weit kommen! Egal, was du dir vorgenommen hast, frage dich:

Warum *habe ich diesen Vorsatz gefasst?*

Die Frage nach dem *Warum* ist die Frage nach dem Sinn, der für dich hinter dem Vorsatz steht. Neben der bereits in Kapitel zwei angesprochenen Autonomie – also dem Gefühl, die Kontrolle über die eigenen Handlungen zu haben – ist subjektiv empfundener Sinn einer der großen Motivatoren. Siehst du eine Tätigkeit als wirklich sinnvoll an, bist du wesentlich stärker motiviert, sie auch durchzuführen. Allerdings muss man auch hier erst mal unterscheiden:

Sinn motiviert ganz besonders, wenn er darin besteht, etwas Angenehmes zu bekommen. Man nennt das eine **appetitive Motivation**, also eine Motivation, die dir Appetit auf das Ergebnis deiner Handlung macht.

Umgekehrt kannst du natürlich auch einen Sinn darin finden, etwas zu vermeiden. Sind wir aus diesem Grund motiviert, handelt es sich um eine **aversive Motivation** – du hast eine Aversion gegen etwas.

appetitive Motivation

aversive Motivation

Jemand, dem von Schokoeis immer schlecht wird, ist zum Beispiel äußerst aversiv motiviert, es unter keinen Umständen zu essen. Das ergibt für diese Person extremen Sinn. Problematisch kann es zum Beispiel werden, wenn die Vermeidung sich auf etwas Abstraktes bezieht, was du noch nicht erlebt hast. Das kann etwa eine Krankheit sein, vor der dich dein Arzt gewarnt hat, für den Fall, dass du dich nicht genügend bewegst. Weil du aber nicht aus Erfahrung weißt, was du hier vermeidest, und die Krankheit dich ja auch nur eventuell treffen könnte, kann die Motivation in diesem Fall deutlich geringer sein. Dazu kommt, dass du dich möglicherweise durch den Arzt bevormundet fühlst. Du hast nicht das Gefühl, selbst zu entscheiden. All das macht dir weniger Lust, dem eigentlich guten Gedanken, dich mehr zu bewegen, Taten folgen zu lassen.

Es ist also grundsätzlich empfehlenswert, zusätzlich zu einer aversiven Motivation immer auch eine appetitive Motivation zu finden. Noch besser ist es, die aversive Motivation in eine appetitive Motivation umzumünzen. Zum Glück ist das nur eine Sache des Fokus auf die richtigen Dinge.

Ich erläutere das mal am Beispiel von vorhin: Wenn du dich fragst, warum du dir vorgenommen hast, wieder regelmäßig Sport zu machen, fällt dir vielleicht ein: Du hast den Vorsatz gefasst, nachdem du kürzlich sprinten musstest, weil dir der Bus sonst vor der Nase weggefahren wäre. Danach warst du so außer Atem, dass du im Bus minutenlang nach Luft geschnappt hast. Das hat sich nicht nur schrecklich angefühlt, sondern war dir auch peinlich. Die Jugendlichen auf der Bank hinter dir haben gekichert. Du hast dich alt gefühlt. Und du hast dich daran erinnert, dass das früher, als du noch regelmäßig Sport gemacht hast, niemals passiert wäre. Du erinnerst dich vielleicht auch daran, wie deine Freundin dich an Weihnachten scherzhaft in deine Speckrolle über dem Gürtel gezwickt und gesagt hat: »Oh,

du hast jetzt Love Handles!« Das hat dich wahnsinnig ge-
wurmt, denn zu Beginn eurer Beziehung hat sie dich wegen
deiner damals athletischen Figur immer »mein Adonis« genannt. Das ist aber schon Jahre nicht mehr passiert. Deine
Frage nach dem »Warum?« ergibt also eine ganze Menge Dinge, die du in Zukunft vermeiden willst: nach Luft
schnappen zu müssen, kichernde Jugendliche, das Gefühl,
alt zu sein, und in Speckrollen kneifende Freundinnen. Du
hast eine aversive Motivation.

Wie verwandelst du nun eine aversive Motivation in eine
appetitive? Ganz einfach! Erinnerst du dich an die Übung:
»Dein Leben aus dem Gruselkabinett« aus Kapitel drei? Genauso machst du das auch hier: Du drehst einfach alle ver-
meidenden Motivationen ins Positive:

VORHER aversiv: Du richtest den Fokus auf alles Negative, das du vermeiden willst. Du redest dir ein, dass du ja
endlich wieder mal laufen *musst*, weil du ja in so schlechter Form bist. Weil du nicht mehr aus der Puste kommen
willst, weil du Love Handles hast, Love Handles aber doof
findest, weil du dich alt fühlst, weil du ausgelacht wirst. Du
erinnerst dich an all die unangenehmen Situationen, die
zu deinem Vorsatz, laufen gehen zu *müssen*, geführt haben, und leitest daraus deine Erwartungen ab: Du malst dir
aus, wie du vor Peinlichkeit am liebsten im Boden versinkst,
weil dich möglicherweise eine alte Dame mit ihrem Rollator
überholt, während du im Schneckentempo im Schnee- und
Graupelschauer schwitzend und keuchend dahinschleichst
und versuchst, nicht vor lauter Seitenstechen stehen zu bleiben.

NACHHER appetitiv: Du richtest deine Aufmerksamkeit auf
alles Positive, das du erreichen *willst*. Und wirst. Du malst
dir aus, wie du schnell immer mehr in Form kommst. Du

stellst dir vor, wie du plötzlich wieder leichtfüßig bist und tief durchatmen kannst, weil deine Lungenkapazität durch das regelmäßige Lauftraining wächst. Wie du das nächste Mal, wenn du den Bus erreichen musst, nach dem Sprint sofort wieder durchatmen kannst. Wie viel besser dein ganzes Körpergefühl sein wird, wenn du das Training ein paarmal durchgezogen hast. Wie großartig du dich fühlen wirst, wenn deine Freundin zum ersten Mal nach Jahren wieder »mein Adonis« zu dir sagt, weil deine Love Handles ganz einfach dahingeschmolzen sind. Wie zufrieden du nach deinem ersten Lauftraining unter der Dusche stehen wirst, weil der Anfang in eine fittere Zukunft gemacht ist und du schon auf dem Weg bist zurück zu deiner alten Form.

Ja, es kann sein, dass deine negative Vision für dich so schrecklich ist, dass du dich zum Training aufraffst. Auch eine aversive Motivation ist eine Motivation. Sie vermittelt Sinn. Aber eine appetitive Motivation vermittelt nicht allein Sinn, sondern obendrein ein gutes Gefühl. Das ist der entscheidende Unterschied! Denn ein erwartetes gutes Gefühl ist nicht nur wichtig fürs Anfangen. Es bestimmt auch das, was du anschließend erleben wirst, wenn du dein Vorhaben in die Tat umsetzt. Und was du erlebst, ist wiederum entscheidend dafür, ob du dein Vorhaben durchziehst oder bald die Segel streichst. Noch mal konkret an unserem Beispiel:

Dein Erlebnis mit negativer Vision: Läufst du mit einer aversiven Motivation los, hast du von vornherein einen Fokus auf Negativem. Du richtest deinen Blick auf die potenziellen Hindernisse, die dir auf dem Weg begegnen *könnten.* Dabei ist es noch nicht einmal sicher, dass das tatsächlich so sein wird. Aber weil du Negatives erwartest, steigt die Wahrscheinlichkeit enorm, dass du auch Negatives erleben wirst. Alles, was man negativ sehen könnte, bläst sich in deiner

Wahrnehmung überproportional auf. Das heißt, du wartest im Grunde auf die Oma mit Rollator und wirst mit Sicherheit auch irgendwo auf der Laufstrecke eine finden – oder zumindest jemanden, der älter ist als du und dich locker überrundet. Dein Keuchen erscheint dir viel lauter, deine Schritte fühlen sich an wie Blei. Und so weiter.

Dein Erlebnis mit positiver Vision: Läufst du mit der appetitiven Motivation los, ist die Vision direkt an positive Emotionen gekoppelt. Du *willst* das hier tun, weil es jede Menge positive Effekte auf dein Leben haben wird. Und du richtest den Blick auf alles Positive. Hier ist es ebenso wahrscheinlich, dass du bei den ersten Malen im Training nicht besonders schnell sein wirst. Vermutlich wirst du die ersten Male auch noch schwer atmen. Ja, vielleicht wirst du sogar von einer Rentnergruppe mit Nordic-Walking-Stöcken überholt. Aber statt peinlich berührt zu sein, denkst du: Na, wartet, bald bin ich wieder in meiner alten Form, da werde *ich* euch überholen. Oder es fällt dir nicht einmal auf, weil deine Aufmerksamkeit auf ganz andere Dinge gerichtet ist. Auf deinen Stolz, dass du angefangen hast. Auf die Freude, dass sich dein Körper nun zum Positiven verändert. Darauf, dass du deine Fitness und deine Gesundheit nun endlich wieder in die Hand nimmst.

Beide Male tut dein Körper exakt dasselbe: Er trabt eine bestimmte Laufstrecke entlang. Aber das Erlebnis ist ein völlig anderes. Im ersten Fall ist das Laufen eine reine Tortur, die du wahrscheinlich nicht wiederholen wirst. Im zweiten ist das Laufen ein tolles Erlebnis, das du mit ziemlicher Sicherheit wiederholen *willst*. So ein von deiner Erwartung bestimmtes Erlebnis ist auf die berühmte selektive Wahrnehmung zurückzuführen. Sie wird von deinem Unterbewusstsein gesteuert. Und dein Unterbewusstsein programmierst du mit deiner Vision. Es reagiert wie ein Hund, dem du deine Erwartungen zum Beschnüffeln unter die Nase hältst und dann befiehlst: Such! Er wird nur das finden, was du ihm befohlen hast.

WAS DU SAGST UND DENKST, VERÄNDERT DEIN GEHIRN

Du brauchst also nicht einfach eine Vision, sondern du brauchst möglichst eine *positive* Vision! Eine positive Vision setzt sich aus positiven Gedanken zusammen, denn Gedanken sind die Bausteine deiner Wirklichkeit. Denke an das Beispiel vorhin: Was du denkst, bestimmt, was du siehst. Es bestimmt auch, wie du dich fühlst. Und das bestimmt, was du erlebst.

Zum Glück gibt es einen großartigen Baukasten, dessen Elemente du benutzen kannst, um dir genau die Vision zusammenzubauen, die du benötigst: unsere Sprache. Wörter können Bilder in deinen Kopf zaubern. Und Wörter können sogar Emotionen hervorrufen.

Die Hirnforscher Andrew Newberg und Mark Waldman haben herausgefunden, dass sich die Struktur unseres Gehirns verändert, je nachdem, welche Wörter wir oft benutzen. Wörter, die wir mit etwas Negativem verbinden, wie zum Beispiel »Angst«, »Panik«, »Furcht« oder »Sorge«, können schon allein durch das Denken oder Aussprechen Stress auslösen. Botenstoffe, die notwendig sind, um Stress wieder abzubauen, werden blockiert. Wenn du sagst: »Ich habe Angst, dass ich nicht durchhalte«, stellst du die Angst damit selbst her. Und wenn du sagst: »Ich fürchte, ich kann das nicht«, wird das dabei erzeugte negative Gefühl dazu beitragen, dass die Aussage wahr wird. Außerdem wirst du stressanfälliger. Wenn du dauernd alarmierende Begriffe benutzt, glaubt dein Gehirn, dass du in Gefahr schwebst. Es ist ständig auf der Hut und bereit, die nächsten Stresshormone auszuschütten. Das war in einer Zeit überlebenswichtig, als wir Menschen nonstop mit wilden Tieren und anderen unmittelbaren Lebensgefahren zu tun hatten und uns darauf vorbereiten mussten, zu kämpfen oder zu fliehen. Die Stressreaktion wird darum auch *Fight-or-Flight*-Reaktion genannt.

Wörter, die wir mit etwas Schönem verbinden, zum Beispiel »Spaß«, »Liebe«, »Kraft« oder »Schwung«, sind dagegen echte Motivatoren: Sie wirken direkt auf Gehirnbereiche, die für Sprache und Bewegung zuständig sind. Sie machen Lust, etwas zu tun, und bringen uns so tatsächlich in Aktion. Die Art der Gedanken, die wir regelmäßig denken, verändert also die Art und Weise, wie das Gehirn Informationen verarbeitet!

Wenn du von dir selbst immer positiv denkst, wirst du auch in anderen Menschen mehr Positives sehen. Wenn du dir angewöhnst, immer die guten Seiten von Ereignissen und auch die guten Seiten eines Problems zu sehen – wenn du also optimistisch durchs Leben gehst –, wirst du auch gute Gelegenheiten erkennen und ergreifen können. Erinnere dich noch mal an Ingvar Kamprad, der in dem auseinanderschraubbaren Tisch eine gute Gelegenheit erkannte, die genau zu seiner Business-Vision passte.

Das liegt daran, dass der Informationsfilter in unserem Kopf, der Thalamus im Zwischenhirn, mit der Zeit seine Filterkriterien an unsere Denkgewohnheiten anpasst. Das ist der konkrete Grund für selektive Wahrnehmung. Bist du optimistisch, nimmst du vermehrt das wahr, was dir nützt. Du siehst, was dich beim Erreichen deiner Ziele unterstützt und dir gute Laune macht. Auch das steckt hinter dem »Gesetz der Anziehung«: Du bekommst tatsächlich das, was du denkst!

Denke das Richtige, denn du bekommst, was du denkst!

Wörter mit positiven Assoziationen sind genau das, was du als Rohmaterial für deine positive Vision brauchst. Zentrum deiner Vision ist weiterhin die Zielformulierung. Also in unserem Beispiel: *Ich gehe viermal die Woche joggen.* Da willst du hin. Das willst du regelmäßig tun. Aber was auf dem Weg zum und am Ziel passieren soll und wie du dich dabei fühlen willst, das kannst du mit unterstützenden Formulierungen festlegen. In der Psychologie werden solche Formulierungen »Suggestionen« oder auch »Affirmationen« genannt. Der Begriff »Suggestion« kommt vom lateinischen Wort *suggerere*. Das bedeutet »eingeben«. Tatsächlich gibst du mit einer Suggestion etwas in dein Unterbewusstsein ein wie in einen Computer, eine Programmierung: Dein Gehirn soll dafür sorgen, dass die Suggestion wahr wird, indem es deine Wahrnehmung auf alles lenkt, was dir dabei hilft, und indem es dich zu Handlungen motiviert, die dich deinem Ziel näher bringen. »Affirmation« kommt ebenfalls aus dem Lateinischen, von *affirmatio*, das bedeutet »Versicherung«: Du versicherst dir selbst und aller Welt also mit einer Affirmation, dass etwas so ist, wie du es aussprichst. Suggestion und Affirmation sind also zwei Begriffe für zwei verschiedene Seiten derselben Medaille. Wenn du eine Suggestion für dich selbst nutzt, spricht man auch von »Autosuggestion«, das bedeutet Selbst-Suggestion.

Ich möchte dir nun einige Vorschläge machen, wie du solche Suggestionen zusammenbauen kannst. Bitte nimm ein Blatt Papier zur Hand und notiere dein persönliches Top-Ziel ganz oben. Dann kannst du dir direkt nach dem vorgeschlagenen Muster deine eigenen Affirmationen herstellen.

Wir fangen mit einem einfachen, aber effektiven Grundrezept an, das die gerade erklärten Prinzipien vereint.

Übung: Alles, was ich will! Deine Power-Basis-Suggestion

1. **Formuliere deine Suggestion in der ersten Person:** »*Ich ...*«
2. **Füge das Verb hinzu, das klarmacht, dass du der Boss bist:**
   Sage »*Ich will*«. Wenn du etwas so formulierst, gibst du deinem Vorhaben sehr viel Kraft. Alternativ kannst du hier auch bereits beschreiben, wie du etwas tust. Also in unserem Beispiel »Ich jogge« – damit signalisierst du deinem Gehirn, dass es hier gar keinen Diskussionsspielraum gibt. Du tust das, was du dir vorgenommen hast, und basta! Probiere einfach aus, welche Formulierung sich besser anfühlt. Verwende aber auf keinen Fall »Ich muss« oder »Ich soll«. Wenn du etwas »musst« oder »sollst«, schickst du deinem Unterbewusstsein die Botschaft, dass jemand anders über dich bestimmt. Das erzeugt inneren Widerstand und schadet deiner Motivation.
3. **Nimm deine Beweggründe hinzu.** Also den Sinn, den das Ganze für dich hat. Formuliere also, *warum* du dein Ziel erreichen willst. Wenn du eine aversive Motivation hast – zum Beispiel nicht krank werden –, verwandele sie für die Suggestion in eine appetitive Motivation. Zum Beispiel: Du willst gesund sein und vor Energie sprühen. Das wird dann etwa zu:
   Ich will joggen/Ich jogge, weil ich dabei Energie und Gesundheit tanke.
   Ich will joggen/Ich jogge, weil ich Bewegung liebe.
   Ich will joggen/Ich jogge, weil ich fit sein will.
   Ich will joggen/Ich jogge, weil mich das attraktiv macht.

Es muss natürlich nicht ums Joggen oder überhaupt um Sport gehen. Vielleicht willst du ja etwas ganz anderes machen. Ein Café eröffnen. Auf dem Jakobsweg pilgern. Nach Spanien auswandern. Völlig egal. Die Power-Suggestion wirkt immer! Mit ihrer Hilfe führst du dir klar vor Augen, aus welchen positiven Gründen du etwas unbedingt tun möchtest. Und dass du dich ganz bewusst dafür entschieden hast. Mit der Power-Suggestion kannst du dich auch für »unbequeme« Ziele motivieren, wie die notwendige OP oder das mega-anstrengende Projekt, das dir zwar nicht so viel Spaß macht, das du aber akzeptiert hast, weil es das Geld für eine Weltreise einbringt.

Neben einer solchen Grundsuggestion ist es ratsam, eine ganze Palette unterschiedlicher Formulierungen zusammenzustellen, die alle deine positive Vision unterstützen.

Das hat zwei Gründe.

Erstens: Nicht jede Formulierung funktioniert bei jedem gleich gut. Was wir mit einzelnen Wörtern genau assoziieren, ist von Mensch zu Mensch immer etwas unterschiedlich, weil es von individuellen Erfahrungen abhängt. Wenn du beispielsweise das Wort »Hund« hörst, denkst du vielleicht an deinen eigenen Dackel, mit dem du nur Positives verbindest. Jemand, der schon einmal von einem Hund gebissen wurde, wird bei »Hund« nicht so angenehme Assoziationen haben.

Zweitens: Du kannst mit unterschiedlichen Suggestionen verschiedene Aspekte deiner Vision hervorheben und sie so noch plastischer machen. Du kannst deine Aufmerksamkeit im Joggingbeispiel etwa einmal auf Gefühle und schöne Erlebnisse während des Laufens lenken (zum Beispiel: »Ich laufe mit Spaß und spüre mit jedem Meter, wie mein Körper mehr Energie tankt« oder »Ich genieße die Waldluft, während ich den Weg entlanglaufe«), einmal auf Gefühle danach (»Während das warme Wasser auf meinen Körper rieselt, relaxe ich total«) oder auf Zustände, die du erreichen willst (»Ich bin athletisch und attraktiv«).

Wichtig ist dabei vor allem, dass du dich mit den Formulierungen gut fühlst und sich eine motivierende Vorstellung vor deinem inneren Auge einstellt, die dir Lust macht, dich auf den Weg zu machen.

Dabei gibt es nur ein paar einfache Regeln zu beachten:

Verwende Ich-Botschaften: Formuliere deine Suggestionen wie schon bei der Power-Suggestion immer in der ersten Person Singular. Du hast dein Leben in der Hand, niemand anders.

Formuliere immer nur Erwünschtes ...: Wenn du abnehmen willst, kann dich dabei zum Beispiel eine Suggestion unterstützen, die gesunde Essgewohnheiten fördert. Etwa: »Ich liebe leichte Küche, die mir Energie gibt.« Dabei wird ein Bild von einer gesunden Mahlzeit vor deinem inneren Auge schweben, etwa ein knackiger Salat mit Fischfilet.

... und vermeide Verneinungen: Tabu sind Formulierungen mit Verneinungen, die dir statt eines Bildes des Erwünschten plötzlich das Unerwünschte präsentieren. Was siehst du bei »Ich spüre keine Lust auf Schokoeisbecher mit Sahne« vor dir? Genau, den Eisbecher. Worauf bekommst du möglicherweise Lust? Genau, auf den Eisbecher. Nicht gut.

Benutze Wörter, die sich für dich gut anfühlen: Baue in deine Suggestionen Wörter ein, die schöne Empfindungen und lebendige Bilder und/oder Gefühle in dir hervorrufen. Das können Substantive sein wie »Spaß«, »Energie«, »Kraft« oder »Genuss«, aber auch Verben wie »genießen«, »lieben«, »freuen« oder Attribute wie »toll«, »herrlich« oder »grandios«. Etwa beim Jogging-Vorsatz: »Ich *genieße* es, bei meiner Joggingrunde den Wind auf der Haut zu spüren.« Oder, wenn du deine Finanzen in Ordnung bringen willst: »Es macht mir *Spaß*, neue Einkommensquellen zu erschließen.«

Formuliere mal den gewünschten Zustand ...: Als ich es mir zum Ziel gemacht hatte, aufs Cover einer Fitnesszeitschrift zu kommen, habe ich mir zum Beispiel oft gesagt: »Ich spüre mein Sixpack, und das fühlt sich großartig an!«, und: »Ich bin so fit wie niemals zuvor!«

... und mal eine Aktion, die dich zum gewünschten Zustand bringt: Der Schlüssel zum Erfolg ist es, aktiv zu werden. Daran solltest du dein Unterbewusstsein immer wieder auch per Suggestion erinnern. Wenn du es dir zum Ziel gemacht hast, nach einem Umzug neue Freunde zu finden, kannst du sagen: »Ich bin offen und gehe auf andere zu.« Oder: »Ich schenke anderen ein Lächeln und gebe ihnen ein gutes Gefühl!« Oder auch: »Ich liebe es, mit neuen Leuten zu sprechen.«

Bleibe knackig: Schachtelsätze, die sich höchstens ein Gedächtnischampion merken kann, gilt es zu vermeiden. Faustregel: Höchstens zwei Satzteile.

Yes, I can! Feuere dich selbst an: Im Sport können Meisterschaften entschieden werden, weil Teams von den Anfeuerungen der Fans so geflasht sind, dass sie das Letzte aus sich rausholen. Sich selbst anzufeuern ist ebenfalls eine Super-Idee! Kurze, knackige Suggestionen wie »Ich kann das!«, »Ich schaffe das!« oder »Ich mach das jetzt einfach!« wirken Wunder in Sachen Motivation. Verfolgst du dein Ziel gegen äußere Widerstände – zum Beispiel, weil sich deine Eltern für dich einen anderen Job vorgestellt haben –, ist es empfehlenswert, dich selbst daran zu erinnern, dass du ein freier Mensch bist: »Ich darf das!«

Stelle dir nach diesen Prinzipien ein Set deiner ganz persönlichen Erfolgs-Suggestionen für dein aktuelles Ziel zusammen. Schreibe sie auf einen Zettel – wir kommen noch dazu, wie du sie nutzt, um dich im Turbotempo auf dein Ziel zuzubewegen.

Falls es dir anfangs noch Schwierigkeiten bereitet, Suggestionen zu bauen und/oder die Aussagen deiner Suggestionen visuell vor dir zu sehen, habe ich noch einen Tipp für dich, sozusagen ein Klassiker der Suggestionsformulierung:

Übung: Der Step-by-Step-Trick des Apothekers

Nicht jeder kann sich gut den aktuellen Status »wegdenken« und sich schon in den zukünftigen, erwünschten Zustand hineindenken. Das ist zu einem großen Teil Übungssache – also legen wir los!

Wenn du erst damit anfängst, dein Leben bewusst in die Hand zu nehmen, kaufst du es dir vielleicht zunächst noch nicht ab, wenn du beispielsweise sagst: »Ich bin sportlich und schlank!« Ganz einfach, weil dein aktuelles Spiegelbild noch von deiner alten Einstellung »Ich bin unsportlich und dick« geformt wurde. Oder du zuckst bei der Aussage »Ich bin erfolgreich!« innerlich zusammen, weil auch darauf im Moment (noch) nicht so viel hinzudeuten scheint.

In so einer Lage kannst du zu einem alten Trick greifen. Formuliere deine Suggestionen erst mal nicht in der endgültigen Form. Sage stattdessen: »Ich werde jeden Tag sportlicher und schlanker!« Oder: »Ich werde mit jedem Tag erfolgreicher!«. Damit trickst du dein Unterbewusstsein aus. Dein Gehirn hat gar keine Zeit, empört zu protestieren »Das stimmt doch gar nicht!« Stattdessen bekommt es mit so einer Aussage richtig etwas zu tun. Es hat nämlich ab sofort den Fulltime-Job, diese Aussage Stückchen für Stückchen in die Tat umzusetzen, jeden Tag ein kleines bisschen mehr. So lange, bis du tatsächlich vorm Spiegel stehst und siehst, dass das, was du da zu dir sagst, nichts als die Wahrheit ist. Knöpfe dir darum jetzt noch einmal dein aktuelles Ziel vor und schreibe es in der folgenden Form auf:

Ich werde mit jedem Tag _____!

Der Trick geht übrigens auf den »Vater der Autosuggestion«, den Apotheker Émile Coué zurück, der Ende des 19. Jahrhunderts und zu Beginn des 20. Jahrhunderts in Nordfrankreich lebte. Der hatte gemerkt, dass seine Kunden schneller gesund wurden, wenn er ihnen mit der Arznei auch einen aufmunternden Spruch mitgab im Stil von: »Oh, dieses Mittel hilft schnell, da sind sie bald wiederhergestellt.« Der Apotheker war für die Kunden eine Autorität, der sie *glaubten*. Darum waren sie sofort von der Richtigkeit der Aussage überzeugt. Sie machten sie zu ihrer Autosuggestion: Wenn ich also das hier einnehme, werde ich schnell wieder gesund. Und so war es dann auch. Später wurde dieser Zusammenhang als Placebo-Effekt bekannt. Coué selbst untersuchte sein ganzes Leben lang das Phänomen der Autosuggestion und dabei auch die Effekte, die über die Gesundheit hinausgehen. Von ihm stammt die Formel: »Es geht mir mit jedem Tag und in jeder Hinsicht besser und besser!«, die er auch sich selbst täglich etliche Male laut vorgesagt hat. Für Coué hatte die Suggestion einen durchschlagenden Erfolg: Mit 53 Jahren verkaufte er seine florierende Apotheke und eröffnete eine eigene Klinik in Nancy, zu der wohlhabende Patienten aus aller Welt pilgerten. Sie machte Coué von einem gut situierten zu einem reichen Mann. Außerdem wurde er berühmt und ist es immer noch, fast hundert Jahre nach seinem Tod.

Du kannst deine Suggestionen auf unendlich viele Arten verwenden und ich werde dir noch einige besonders effektive Methoden vorstellen. Anfangen kannst du ganz einfach mit einer sehr wirkungsvollen Technik, für die du nichts brauchst als ein paar Schreibutensilien.

MEIN ZIELE-SPICKZETTEL: AUTOSUGGESTION ZUM NACHLESEN

Ich schreibe meine aktuellen Suggestionen immer in ein kleines Notizbuch, das ich an mein Bett lege. Abends lese ich sie, kurz bevor ich einschlafe, und morgens lese ich sie direkt nach dem Aufwachen. Dabei führe ich mir ihren Inhalt als Vision vor Augen. Momentan sind das Szenen, in denen ich Menschen motiviere und ihnen helfe. Ich stelle mir vor, dass sie zu mir kommen und sich bedanken, dass sich ihr Leben mit meiner Hilfe zum Positiven verändert hat. Als mein Ziel das Cover der Fitness-Zeitschrift war, habe ich mir vorgestellt, wie ich Komplimente für meinen trainierten und fitten Körper bekomme. Dieser »Spickzettel« ist aus zwei Gründen so empfehlenswert:

Erstens: Kurz vor dem Schlafen ist das Gehirn besonders aufnahmefähig, die Suggestionen haben es leicht, es bis ins Unterbewusstsein zu schaffen. Darum wird Schülern ja auch immer der Tipp gegeben, ihre Bücher unters Kopfkissen zu legen. Nicht, weil das Wissen es so auf mysteriöse Weise durch das Kissen in ihren Kopf schafft, sondern weil etwas, das kurz vor dem Einschlafen gelernt wird, einfach besser hängen bleibt.

Zweitens: Was du direkt nach dem Aufwachen als Erstes denkst, stellt die Weichen für deinen Tag. Das ist ein bisschen so, als würdest du in einer Profi-Kamera den Fokus einstellen: Das, was im Fokus ist, siehst du deutlich, alles andere verschwimmt an den Rändern.

Und wie du diese Methode noch ganz einfach unterstützen kannst, zeige ich dir jetzt.

Zusammenfassung der wichtigsten Punkte dieses Kapitels:

✖ Eine Vision setzt sich zusammen aus einem Bild in deinem Kopf und einer Emotion. Positive Visionen gehen mit positiven Emotionen einher, sie bringen dich dazu, ein Ziel mit voller Kraft erreichen zu wollen.

✖ Subjektiv empfundener Sinn ist ein starker Motivator und Grundlage jeder Vision.

✖ Sinn kann sich sowohl aus der Vermeidung eines negativen Zustands ergeben (aversive Motivation) als auch aus dem Anstreben eines positiven Zustands (appetitive Motivation).

✖ Eine appetitive Motivation motiviert stärker, ein Vorhaben anzugehen und dranzubleiben. Darum ist es empfehlenswert, eine aversive Motivation möglichst in eine appetitive Motivation umzumünzen. Sie verwandelt auch deine Vision in eine positive Vision.

✖ Positive Suggestionen – auch Affirmationen genannt – sind wichtige Helfer, denn sie programmieren dein Gehirn auf das Erreichen deines Ziels.

7 BODY FEEDBACK – DEIN KÖRPER BAUT AN DEINER VISION MIT

>*»Es kommt darauf an, den Körper mit der Seele und die Seele durch den Körper zu heilen.«*
>Oscar Wilde

Neben Wörtern gibt es noch einen anderen Erfolgsfaktor, der dich beim Entwickeln und später auch beim Verfolgen deiner Vision unglaublich unterstützen kann: dein Körper. Genauer gesagt, wie du ihn nutzt. Wissenschaftler haben mittlerweile in zahlreichen Experimenten nachgewiesen, dass nicht nur der Körper macht, was ihm der Kopf befiehlt. Der Körper hat auch einen direkten Einfluss auf unseren Kopf.

POSTURAL FEEDBACK: ALLES EINE FRAGE DER HALTUNG!

Der Begriff »Postural Feedback« kommt vom englischen Wort *posture*, das bedeutet »Körperhaltung«. Beim Postural Feedback geht es um die Effekte, die die Stellung unseres Körpers auf unseren Geist, unsere Stimmung und weitere Vorgänge in unserem Körper, wie etwa die Hormonproduktion, hat. Er ist einer von drei zentralen Bereichen des »Body Feedback«.

Die Psychologen John Riskind und Carolyn Gotay gehörten in den Achtzigerjahren zu den ersten Wissenschaftlern, die sich damit beschäftigt haben. Sie haben Studenten gebeten, sich für ein angebliches Experiment zur Muskelleitfähigkeit mit Elektroden verkabeln zu lassen. Dabei war eine Gruppe der Studenten durch die Kabel gezwungen, gebückt zu sitzen. Eine zweite Gruppe saß aufrecht. Acht Minuten lang mussten sie in dieser Haltung bleiben. In Wirklichkeit waren die Kabel nur ein Vorwand, um die jeweilige Haltung zu begründen. Nach den acht Minuten sollten die Studenten dann einen schwierigen Test zum räumlichen Denken absolvieren. Dabei zeigte sich: Die Probanden, die aufrecht gesessen hatten, waren viel motivierter und hielten fast doppelt so lange durch, bevor sie vor einer komplizierten Aufgabe kapitulierten. Insgesamt schnitten sie deutlich besser ab als die Studenten, die zuvor gekrümmt dagesessen hatten. Zu ähnlichen Ergebnissen kommen Forscher in anderen Experimenten seitdem immer wieder.

Teste es doch direkt einmal: Kauere dich auf deinem Stuhl zusammen. Mach dich so richtig klein. Bleibe so fünf Minuten sitzen. Achte jetzt auf deine Emotionen: Wie fühlst du dich?

Darf ich raten? Vermutlich nicht besonders angenehm. Wahrscheinlich bist du eher deprimiert und fühlst dich genau so, wie du zuvor dagesessen hast: klein. Deine zuvor eingenommene Körperstellung ist eine typische Haltung für jemanden, der traurig ist oder sich unterlegen fühlt. Genau diese Botschaft hat dein Körper dann auch deinem Kopf geschickt – und der hat sofort reagiert und deine Stimmung über Hormone und andere Botenstoffe an die Haltung angepasst.

Man hat nachgewiesen, dass im Körper von Menschen, die eine »unglückliche« Körperhaltung annehmen, die Produktion von Stresshormonen steigt. Das setzt eine ungünstige Kettenreaktion in Gang. Die Ausschüttung des Stress-hormons Cortisol führt etwa zu einer Verringerung des Zufriedenheitshormons Serotonin, denn die beiden Hormone sind direkte Gegenspieler. Die Laune sinkt sofort. So wird es viel schwieriger, gedanklich in eine positive Vision einzutauchen und Zuversicht zu entwickeln.

Glücklicherweise gibt es ein genauso schnell wirksames Gegenmittel. Du brauchst einfach nur eine glückliche Körperhaltung einzunehmen! Kopf hoch, Schultern nach hinten, Rücken gerade und noch ein Lächeln ins Gesicht. Fertig! Wenn du das ebenfalls fünf Minuten lang tust, wird sich deine Laune sofort verbessern. Das Prinzip gilt auch hier: Die Gefühle, die deine Körperhaltung repräsentiert, stellen sich mit einer kleinen Verzögerung auch in deinem Kopf ein.

Übung: Mind follows body

Probiere doch einmal zum Spaß unterschiedliche Körperhaltungen und Bewegungen. Jeweils einige Minuten lang. Und schaue jedes Mal, wie du dich fühlst:

- Reiße die Arme hoch und hüpfe herum wie ein Fußballspieler nach dem siegreichen Tor.
- Mache ein paar dynamische Tanzschritte wie beim Quickstep, Cha-Cha-Cha oder Tango.
- Hebe die Fäuste vors Gesicht, senke den Kopf wie ein angriffsbereiter Boxer und lass ein paarmal die Fäuste vor und zurück schnellen.
- Rekele und dehne dich behaglich wie eine entspannte Katze.
- Lasse die Hüften kreisen wie beim Zumba oder bei einem orientalischen Tanz.

Du merkst bestimmt gleich, wie die »Rolle«, die du spielst, nach kurzer Zeit auf dich und deine Stimmung übergreift?

Wie du dich plötzlich happy, dynamisch, angriffslustig, entspannt oder sexy fühlst, je nachdem, was du mit deinem Körper gemacht hast? Darum: Achte immer bewusst darauf, wie du dich hältst und bewegst. Und wenn du mal nicht gut drauf bist, kann ein Tänzchen zu deinen Lieblingssongs Wunder wirken.

Diese Körper-Kopf-Verbindung für deine positive Vision zu nutzen ist supereasy:

Fang damit an, eine aufrechte, selbstbewusste Körperhaltung einzunehmen, wenn du an die Verwirklichung deiner Ziele denkst. Entweder, wenn du mithilfe deiner Suggestionen visualisierst, wie du dein Vorhaben verfolgst und dein Ziel erreichst, oder auch, wenn du anderen davon erzählst, was du vorhast. Ein Nebeneffekt: Das, was du sagst, hat sofort mehr Überzeugungskraft!

Probiere auch mal aus, wie ein Gewinner die Arme hochzureißen, während du dir vorstellst, wie du dein Ziel erreichst. Pessimistische Gedanken wie Selbstzweifel haben dann keine Chance, denn wenn du diese Siegergeste machst, fühlst du dich automatisch auch wie einer.

Langfristig solltest du dir eine selbstbewusste Körperhaltung zur Gewohnheit machen. Es geht schließlich darum, dich selbst *dauerhaft* positiv zu beeinflussen. Menschen, die erfolgreich durchs Leben gehen, wirst du fast nie mit hängenden Schultern oder in sich zusammengesackt irgendwo sitzen oder stehen sehen. Abgesehen davon sieht man mit einer aufrechten, souveränen Körperhaltung auch besser und sogar schlanker aus. Ein Extra-Bonus für dein Selbstwertgefühl!

Viele Schauspieler nutzen die sogenannte »Alexander-Technik«, um eine gute Körperhaltung voller Ausstrahlung und zusätzlich eine volle, wohlklingende Stimme zu bekommen. Sie wurde von dem tasmanischen Schauspieler Frederick Matthias Alexander Ende des 19. Jahrhunderts entwickelt. Alexander kurierte damit seine eigenen Stimmprobleme. Die Technik ist *kein* Sport, sie wird aber wegen ihrer Effekte auf die Haltung sogar bei Multipler Sklerose eingesetzt. Mehr Informationen, unter anderem, wo und wie du die Alexander-Technik lernen kannst, findest du auf *www.alexander-technik.org*.

Alternative: Beginne mit einem Sport, bei dem eine aufrechte Körperhaltung trainiert wird. Dann bringen dich deine Muskeln schon ganz automatisch »in Position«. Eine tiefe Atmung wird bei sportlichen Aktivitäten ebenfalls gefördert – das verstärkt den positiven Effekt. Auswahl gibt es ohne Ende: Aerobic, Ballett, Fechten, Inline-Skating, klassisches Fitnesstraining oder Workouts für den ganzen Körper, alle Kampfsportarten, Klettern, Pilates, Rudern, Rückenschule, Schwimmen, Skaten, Surfen, Tanzen, Turnen, Yoga, Zumba ... Such dir was aus!

Erinnerungsstützen verteilen: Eine Freundin von mir hat einen Post-it-Zettel am Spiegel in der Diele kleben, der sie immer sehr nett daran erinnert, Haltung anzunehmen:

Diese Suggestion gibt ihr Trost, wenn gerade etwas nicht so super läuft. Sie erinnert sie aber auch immer an den Zusammenhang von Körper und Geist. Der Post-it ist auch eine prima Gedächtnisstütze, dass eine Körperhaltung, die Souveränität ausstrahlt, ganz besonders wichtig ist, wenn du dich gerade kein bisschen souverän fühlst, sondern traurig bist und dir wenig zutraust. Warte ein paar Minuten ab und erlebe, wie sich deine Niedergeschlagenheit in Zuversicht und Motivation verwandelt.

BODY FEEDBACK ÜBER DIE ATMUNG: EINMAL TIEF SELBSTVERTRAUEN HOLEN, BITTE!

Ganz großen Einfluss darauf, ob du vor Selbstvertrauen und Tatkraft sprühst oder dich ängstlich, gestresst und deinen Vorhaben nicht gewachsen fühlst, hat deine Atmung. Diesen Bereich des Body Feedback nennt man auch »Respiratory Feedback« (*respiratory* heißt »die Atmung betreffend«).

Wie direkt auch hier die Verbindung zwischen Körper und Kopf ist, haben belgische Wissenschaftler in einem Experiment gezeigt: Menschen, die sich intensiv vorstellen sollten, sie seien jeweils ängstlich, wütend, fröhlich oder traurig, veränderten je nach Emotion ihre Atmung deutlich. Mal war sie flach und schnell, mal tief und langsam. In einer zweiten Studie sollten die Probanden bewusst nach den Mustern atmen, die sich im ersten Experiment herauskristallisiert hatten. Dabei zeigte sich: Die Emotionen Angst, Wut, Freude und Traurigkeit konnten allein mit der Atmung erzeugt werden! Änderten die Teilnehmer die Atemmuster, änderten sich auch die Emotionen wieder. Wie auf Knopfdruck.

Auch in anderen Studien zeigt sich immer wieder, dass die Atmung steuert, wie wir uns fühlen. Durch einfache

Atemtechniken kannst du zum Beispiel Stress und Gefühle von Niedergeschlagenheit besiegen, weil bestimmte
Botenstoffe gehemmt werden und der Vagusnerv stimuliert
wird. Der Vagusnerv wird auch als »Ruhenerv« bezeichnet.
Ist er aktiv, entspannst du und stressige Gedanken haben
keine Chance. Das Ergebnis ist, dass dein Kopf ganz klar
wird. Dein Gehirn steht auf »Aufnahme«. In einem solchen
ruhigen, entspannten Zustand wirken deine Suggestionen
und Visualisierungen besonders gut. Selbstvertrauen und
Motivation zum Erreichen deiner Ziele liefert die richtige
Atmung gleich mit!

Die folgende supereinfache Atemübung beruhigt dein
autonomes Nervensystem ratzfatz und ist gleichzeitig eine
Mini-Meditation. Besonders in stressigen Zeiten mache ich
sie immer, um einen klaren Kopf zu behalten und meine
Ziele nicht aus den Augen zu verlieren. Du kannst die
Übung immer sofort machen, wenn du merkst, dass deine
Stimmung sinkt. Sie hilft außerdem, kreisende Gedanken
zu stoppen. So kannst du dich wieder auf das fokussieren,
was du erreichen möchtest.

Sobald du merkst, dass du entspannt bist, kannst du
deine Ziel-Suggestionen durchlesen und dir deinen zukünftigen Erfolg bildlich vorstellen.

Übung: Klarer-Kopf-Atmung

Step 1: Setze oder lege dich bequem hin. Mach die Augen zu
und richte deine Aufmerksamkeit auf dein Herz. Spüre bewusst, wie es schlägt, und stell dir vor, wie es deinen Körper
mit allem Wichtigen versorgt. Sobald deine Gedanken abschweifen, lenke sie zurück zu deinem Herzen.
Step 2: Stell dir vor, wie du langsam durch dein Herz in den
Bauch einatmest. Beim Ausatmen fließt dein Atem auch zu-

rück durchs Herz. Sieh diesen Prozess bildlich vor dir. Wenn deine Gedanken abschweifen, hole sie immer wieder zurück zu dieser Vorstellung. Mach damit mindestens so lange weiter, bis dein Atem ganz ruhig und gleichmäßig fließt. Zwei bis drei Minuten oder solange du willst.

Step 3 (optional): Öffne die Augen, lies deine Suggestionen und stelle dir dabei plastisch vor, wie du deine Ziele erreichst. Oder: Lass die Augen geschlossen und stelle dir aus dem Gedächtnis vor, wie du mit deinen Vorhaben erfolgreich bist. Oder: Lies die Suggestionen einmal, schließe dann die Augen wieder und tauche in deine Vision ein. Teste, was für dich am besten klappt.

FACIAL FEEDBACK: GUCK SO, WIE DU DICH FÜHLEN WILLST

Du hast bestimmt schon mal den Spruch gehört: Ab einem gewissen Alter ist jeder selbst für sein Gesicht verantwortlich. Damit ist gemeint, dass Menschen, die viel lachen und lächeln, eher sympathische Lachfältchen bekommen, während man Miesepetern, die dauernd griesgrämig durch die Gegend laufen, ihren Haupt-Gemütszustand irgendwann auch an den Falten ansieht.

Doch der Effekt deiner Mimik beginnt, lange bevor du die allererste Falte im Spiegel entdeckst. Neben deiner Körperhaltung hat nämlich auch dein Gesichtsausdruck einen Soforteffekt auf deine Stimmung.

Auch dieses sogenannte »Facial Feedback« zählt zum Body Feedback. Hebe einfach mal die Mundwinkel zu einem Fake-Lächeln. Du merkst sofort, dass sich in dir etwas verändert. Du wirst gelöster. Alles fühlt sich leichter an. Ziehst du dagegen die Augenbrauen zusammen als wärst du wütend, sieht alles sofort grauer und bedrohlicher aus.

Wieso ist das so? Ganz einfach: In deinem Gehirn ist Lächeln zusammen mit allen erfreulichen Situationen abgespeichert, in denen du in deinem Leben bisher gelächelt hast. Diese Situationen und die mit ihnen verbundenen positiven Gefühle werden aktiviert, sobald du lächelst. Dein Lächeln knipst sozusagen den Happy-Schalter in deinem Gehirn an. Sofort werden Stresshormone gebremst und die Serotonin-Ausschüttung hochgefahren. Und schon gibt es eine erfreuliche Situation mehr. Beim wütenden Gesichtsausdruck ist es andersherum. Der Effekt des Postural Feedback, der Körperhaltung, lässt sich genauso erklären.

Übrigens: Menschen, die durch Botox-Injektionen nicht mehr in der Lage sind, so richtig wütend zu gucken, können tatsächlich auch weniger negative Gefühle empfinden. Vielleicht wäre das eine Lösung für den Weltfrieden? Auf jeden Fall empfehle ich neben dem »Kopf hoch«-Post-it einen zweiten Zettel am Spiegel:

Nun komme ich aber endlich dazu, wie du deine Suggestionen, deine Körperhaltung, deine Mimik und deine Atmung optimal verbinden kannst, um dich im Turbotempo auf dein Ziel zuzubewegen. Ich mache das zum Beispiel so:

Übung: *Schau mir in die Augen, Kleiner!*
Autosuggestion vor dem Spiegel

Wenn du mich morgens vor dem Spiegel sehen könntest, würdest du dich vermutlich vor Lachen kringeln. Denn ich stelle mich davor und nehme erst mal eine selbstbewusste Haltung an: Schultern zurück, Kopf hoch. Ich atme tief durch, schaue mir tief in die Augen und schenke mir selbstverständlich ein herzliches Lächeln – und dann lege ich los damit, mich anzufeuern. Ich gebe zu, als ich damit angefangen habe, fand ich das ziemlich schräg. Denn es ist wichtig, sich dabei fest in die Augen zu schauen – man fühlt sich anfangs sehr beobachtet. Aber auch hier folge ich, wie überall, dem Prinzip »*Fake it till you make it*«. Jeden Tag, wirklich jeden, stelle ich mich vor unseren Riesenspiegel ins Bad und versichere mir selbst, dass ich auch an diesem Tag der Welt wieder meine Stärken zeigen werde. Den Spiegel haben wir übrigens extra dafür eingebaut, meine Frau Kate und meine Tochter Ayana halten inzwischen nämlich ebenfalls solche »Selbstgespräche«. Ich möchte dich ermutigen, es selbst einmal auszuprobieren.

Du willst wissen, was ich da so erzähle? Das kommt drauf an, was ich mir gerade vorgenommen habe. Im Augenblick ist es mein Ziel, Leute mit diesem Buch, mit Vorträgen und anderen Auftritten zu motivieren und zu inspirieren, endlich das zu tun, wovon sie schon lange träumen. Darum habe ich eine ganze Reihe von Suggestionen formuliert, die mich auf dem Weg zu diesem Ziel unterstützen. Notiert habe ich alle Sätze in der Ich-Form, aber weil ich mich vor dem Spiegel ja sozusagen von außen betrachte, wechsele ich in diesem Fall automatisch ins »Du«. Ganz so, als wäre ich mein eigener Coach – wenn du es mir nachmachen willst, teste einfach, ob »Ich« oder »Du« für dich besser funktioniert.

Ganz konkret sage ich im Moment:

Du bist zielorientiert!
Du bist begeisterungsfähig!
Du motivierst und begeisterst andere Menschen!
Du führst sie an ihr Ziel!
Du bist empathisch!
Du bist enthusiastisch!
Du dienst den Menschen!

Letzteres ist natürlich nicht so gemeint, dass ich hinter den Leuten herwiesele wie ein Butler. Hier geht es darum, anderen mit dem zu helfen, was ich ganz persönlich zu geben habe. Mit meinen eigenen Erfahrungen helfe ich anderen. Das bringt nicht nur den anderen etwas. Es gibt meinem Tun auch einen Sinn. Du erinnerst dich: Wenn wir etwas tun, was wir sinnvoll finden, sind wir motivierter und bleiben eher dabei. Doch mein Spiegelritual hat noch einen weiteren Effekt: Es macht einfach ein geiles Gefühl, wenn ich mich selbst an meine Stärken erinnere. Jeden Tag beginne ich mit Gedanken wie: *Das hier kann ich! Und damit gehe ich jetzt raus und schaffe erfolgreich meinen Tag!*
Das ist unfassbar beflügelnd. Auch wenn deine Suggestionen vielleicht ganz anders aussehen, das Prinzip bleibt immer das gleiche.

Übung: Bewegendes Bild – Autosuggestion als Film auf dem Handy

Besonders, wenn ich ein neues Ziel in Angriff nehme, schnappe ich mir zuallererst mein Handy. Damit mache ich ein Video von mir selbst, während ich meine Suggestionen aufsage. Das hat den Vorteil, dass ich mir meine Statements noch einmal ansehen und anhören kann. Außerdem nehme ich dabei automatisch eine »offizielle« Körperhaltung an, so als würde ich

einen Vortrag vor einem Saal voll Menschen halten. Da nehme ich ganz automatisch die Schultern zurück und lächele. Noch besser ist allerdings ein weiterer Nebeneffekt: Wenn ich meine Suggestionen als Film einspiele, schaffe ich damit ein Dokument. Und ein Dokument verpflichtet mich – und mein Unterbewusstsein – noch viel stärker dazu, das Gesagte wahr zu machen. Das ist ein bisschen so, als würde ich einen Vertrag unterschreiben (mehr zu diesem Thema in Kapitel zwölf). Denn auch wenn ich den Film niemand anderem zeige, geht mein Unterbewusstsein davon aus, dass ich das tun könnte. Es weiß: Dem Detlef ist die Sache ernst, da strenge ich mich mal lieber an! Auch diese Gewohnheit empfehle ich ausdrücklich zur Nachahmung.

Zusammenfassung der wichtigsten Punkte dieses Kapitels:

✖ Als »Body Feedback« wird der Effekt bezeichnet, den Körperhaltungen, Bewegungen, Atmung und Mimik auf deinen Geist, deine Stimmung und weitere Vorgänge in deinem Körper, wie etwa die Hormonproduktion, haben.

✖ Eine aufrechte, selbstbewusste Körperhaltung verringert die Ausschüttung von Stresshormonen und vergrößert messbar Motivation, Durchhaltevermögen und Erfolg.

✖ Eine tiefe, entspannte Atmung sorgt für einen klaren, aufnahmebereiten Kopf und kann angenehme Emotionen wie Freude und Zufriedenheit herstellen. Eine flache Atmung provoziert dagegen Gefühle wie Angst oder Traurigkeit.

✖ Auch deine Mimik wirkt direkt auf deine Stimmung. Wenn du lächelst, wirst du zum Beispiel fröhlicher und optimistischer, runzelst du die Stirn, sinkt deine Laune und du wirst skeptischer.

✖ Ideal ist es, wenn du alle diese Effekte nutzt, um deine Vision mit positiven Emotionen aufzuladen.

STEP 2
DEIN PLAN

8 BIST DU AM START? BESTIMME DEINEN AUSGANGSPUNKT

> »Der Ausgangspunkt für die großartigsten Unternehmungen liegt oft in kaum wahrnehmbaren Gelegenheiten.«
> Demosthenes

Du hast nun eine Vision. Sie führt dir ganz genau vor Augen, wo du hinwillst und wie du dich fühlen wirst, wenn du dein Ziel erreicht hast. In vielen Fällen ist damit ziemlich schnell klar, was zu tun ist, um dein Vorhaben in die Tat umzusetzen. Manchmal ist der Plan sogar schon detailliert in der Zielbeschreibung enthalten, wie im Beispiel »Ich gehe viermal die Woche nach der Arbeit joggen«.

Doch bei anderen, größeren Visionen ist der Weg oft nicht ganz so offensichtlich vorgezeichnet. Träumst du seit Ewigkeiten davon, ein Restaurant zu eröffnen, kannst du dir nun in den schönsten Farben ausgemalt haben, wie es aussehen soll, welche köstlichen Gerichte auf der Karte stehen und wie alle deine Freunde zur großen Eröffnungsfeier kommen. Trotzdem weißt du mit dieser Vision noch nicht automatisch, wie du von deiner jetzigen Situation in eine Zukunft gelangst, in der deine Vision wahr wird. Ganz besonders, wenn du so etwas noch nie gemacht hast.

Oder nehmen wir an, du sitzt derzeit für neun Euro die Stunde an der Kasse in einem Supermarkt. Du hast es supersatt, herumzuknapsen, nichts auf die Seite legen zu können und immer nur das Billigste kaufen zu können. Dein ehrgeiziges Ziel ist es darum, dein Einkommen mindestens zu verdreifachen. Du hast dir also vorgestellt, wie du freudig deine Kontoauszüge checkst und was du mit dem Geld alles Schönes anstellst. Zum Beispiel, wie du in eine neue Wohnung ziehst, deine Kinder endlich ihre eigenen Zimmer bekommen, du das uralte Sofa durch ein neues ersetzt und so weiter. Du bist hoch motiviert – aber bis jetzt hast du noch keinen Plan, wie das eigentlich passieren soll.

DEIN UNTERBEWUSSTSEIN IST DEIN NAVI DURCHS LEBEN

Indem du dein Ziel identifiziert und zu einer Vision gemacht hast, hast du bereits die ersten Schritte auf dem Weg dorthin getan. Und wenn du dir intensiv vorstellst, wie du dieses Ziel erreichst, hast du es auch bereits ins Navi deines Lebens eingegeben: dein Unterbewusstsein.

Tatsächlich kann dir dein Unterbewusstsein – du erinnerst dich: das ist eine Reihe unbewusster Abläufe in deinem Gehirn – wie ein Navigationssystem im Auto oder ein GPS-System auf dem Handy dabei helfen, hinzukommen, wo du möchtest, wenn du es nur mit den richtigen Informationen fütterst. Es ist sozusagen der Computer in deinem Gehirn, der deine Befehle auch dann noch ausführt, wenn du gerade nicht bewusst daran denkst. Deine »Befehle« sind deine Gedanken. Dein Unterbewusstsein versteht das, was du nur oft und intensiv genug denkst, als Befehl und versucht daraufhin, deine Wahrnehmung und dein Handeln genau so zu steuern, dass diese »Eingaben« zur Realität werden.

Selbst wenn du also in diesem Augenblick noch keinen Schimmer hast, wie du von A nach B kommen kannst: Dein Gehirn wird ab sofort alle eintreffenden Informationen daraufhin untersuchen und herausfiltern, was dir beim Erreichen deines Ziels helfen kann. Es wird dich auf gute Gelegenheiten aufmerksam machen und dir den Weg ausleuchten, sobald es eine geeignete Abzweigung zu deinem Ziel findet. Und es wird deine Handlungen so steuern, dass du automatisch das tust, was das Beste ist, um deine Vision wahr zu machen.

Das heißt aber nicht, dass du herumsitzen und Däumchen drehen musst, bis du die ersten Infos aus der »Schaltzentrale« bekommst, in welche Richtung du nun fahren sollst. Du kannst sofort etwas tun!

WARUM DEIN STANDORT GENAUSO WICHTIG IST WIE DEIN ZIEL

Gucken wir uns mal kurz an, welche Informationen so ein Navi braucht, um dich dahin zu leiten, wo du hinwillst. Wenn du im Auto ein Navigationsgerät nutzt, ist sonnenklar: Du musst, bevor du startest, ein Ziel eingeben. Sonst weiß das Navi nicht, wohin es dich führen soll. Wenn du also gerade in Berlin bist und nach München willst, musst du auch »München« ins Navi eingeben. Diesen Punkt hast du also bereits erfolgreich abgehakt.

Dein Navi benötigt aber noch eine weitere Information! Nämlich deinen Standort. Nur mit diesem kann es die

Route von A nach B berechnen. Nun bestimmen moderne Navis deinen Standort normalerweise dank Satellitentechnik von alleine. Das kann in diesem Vergleich etwas davon ablenken, wie unglaublich wichtig dieser Punkt ist. Früher, als es noch keine Navis gab, musste man auch bei Reisen mit dem Auto erst mal genau seinen Ausgangspunkt kennen. Nur dann konnte man auf dem Stadtplan oder im Straßenatlas die Stelle finden, von der aus man sich seinen Weg suchen musste. Und verfuhr man sich irgendwo, hat man erst mal geparkt, ist ausgestiegen und hat das nächste Straßenschild gesucht. Mit dieser Information konnte man die Straße dann im Register des Stadtplans suchen. Besaß man keinen Stadtplan, suchte man sich einen Passanten, der einem erklären konnte, wo man ist – und im Idealfall auch schon das erste Stück des Wegs raus aus dem Viertel, in dem man sich verfahren hatte. Aber selbst ein modernes Navi verfranzt sich ja schon mal. Dann, wenn es den Satellitenempfang verliert. Du kennst das vielleicht. Dann ist zwar noch das eingegebene Ziel eingespeichert, trotzdem beginnt das Gerät zu spinnen. Es rechnet wie verrückt und spuckt auch schon mal völlig unsinnige Befehle aus. Das tut es aber nur exakt so lange, bis es wieder Kontakt zum Satelliten hat und weiß, wo sich dein Fahrzeug befindet. Dann ist es *back on track*.

Nur aus den beiden Informationen der Ist-Situation und der Soll-Situation ergeben sich Wege zum Ziel. Und nicht nur einer. Du kannst auf schnellstem Weg über die Autobahn fahren oder auf der *scenic route* über Land. Du kannst auch eine Route ausarbeiten, die dich an Wohnorten von Freunden vorbeiführt. Und natürlich gibt es jede Menge Möglichkeiten, diese Wege zurückzulegen. Du kannst zum Beispiel mit einer Ente fahren. Die fährt zwar maximal 90 Stundenkilometer, du kannst aber das Verdeck runterklappen und dir den Fahrtwind um die Nase wehen lassen. Oder du kannst einen Sportwagen nehmen und mit 230 über die Autobahn brettern. Du kannst natürlich auch das Auto ganz stehen lassen und wandern. Rad fahren. Den Zug nehmen. Auch wenn du bei einer Zugreise kein Navi benutzen musst, brauchst du trotzdem die Informationen Start und Ziel, um deine Verbindungen rauszusuchen. Viele Wege führen nicht nur nach Rom, sondern an jedes Ziel.

Aber um sie dir präsentieren zu können, muss dein »Navi« namens Unterbewusstsein unbedingt wissen, von wo – im übertragenen Sinne: aus welcher Ausgangssituation heraus – du startest. Ich möchte dir hier mal wieder ein Beispiel aus meinem Leben geben, was passieren kann, wenn man im echten Leben den »Satellitenkontakt« verliert...

MEIN AHA-ERLEBNIS: GEHEN SIE IN DAS GEFÄNGNIS! GEHEN SIE DIREKT DORTHIN!

Vor über 25 Jahren, mit Anfang zwanzig, hatte sich, bildlich gesprochen, der »Wagen« meines Lebens in einem tiefen Graben festgefahren. Damals hatte ich jahrelang über meine Verhältnisse gelebt und eine unglaubliche Menge Schulden von mehr als 65.000 Mark angehäuft. So weit hatte es nur kommen können, weil ich eine erweiterte Technik der drei Affen angewandt hatte: Ich wollte nichts sehen, nichts hören, nichts sagen oder tun. Ich habe mich damals also einer Standortbestimmung verweigert. Wenn die Briefe mit den Rechnungen und später die vom Gerichtsvollzieher kamen, habe ich sie nicht aufgemacht, sondern ungelesen in die Kiste mit der ungewollten Werbung im Hausflur geworfen. Danach gab ich mir alle Mühe, nicht mehr dran zu denken. Damit waren die Forderungen für mich nicht mehr vorhanden. Ich wollte einfach nicht wahrhaben, in welcher Situation ich mich befand, weil mir das eine Scheißangst machte. Mein Unterbewusstsein legte die Hände in den Schoß, denn ihm wurde signalisiert, dass kein Handlungsbedarf besteht: Die Schulden waren ja »weg«. Aus den Augen, aus dem Sinn. Aber natürlich nur aus meinem Sinn. Ich sage es mal deutlich: So ein Verhalten ist *bullshit*!

Das wurde mir auf die harte Tour vor Augen geführt, als ich eines Morgens Besuch von der Polizei bekam. Es war ein Montagmorgen um sieben Uhr zwanzig. Das weiß ich deshalb so genau, weil ich um diese Zeit normalerweise noch tief und fest schlummerte. Ich sollte von den 65.000 sofort 2.700 Mark bezahlen. Die ich natürlich nicht hatte. Also nahmen mich die Beamten in einem vergitterten Wagen mit. Ich kam ins Gefängnis. Erst nach Moabit, dann nach Plötzensee. Ich bekam Gefängniskleidung, Gefängnisbettwäsche, Gefängnisgeschirr und Gefängnisbesteck. Wie ein Schwerverbrecher. Es war schrecklich! Zum Glück konnte sich meine damalige Freundin die 2.700 Mark von einer guten Bekannten leihen und man ließ mich noch vor Anbruch der Nacht wieder frei. Aber dieser eine Tag im Knast hatte mich so geschockt, dass ich fest entschlossen zu einer großen Veränderung war. Ich wusste: Das will ich nie wieder erleben! Unter keinen Umständen! Ich hatte sofort ein Ziel und die unerschütterliche (momentan noch aversive) Motivation, es zu erreichen. Das Ziel lautete:

Aus diesem Loch kletterst du jetzt raus, und zwar bis du 10.000 Mark Guthaben auf dem Konto hast!

Mir war klar, dass ich mich selbst in diese unsägliche Situation gebracht hatte. Aber statt weiter wegzulaufen, übernahm ich jetzt endlich die Verantwortung und zwang mich: Jetzt guckst du hin! Das heißt, ich ging zum Rathaus

Berlin-Neukölln und gab eine eidesstattliche Versicherung ab. Damit habe ich ganz klar vor aller Welt und vor allem mir selber zugegeben: Ich habe Schulden! Ich bin arm! Ich habe nichts! Das tat weh, ich gebe es zu. Das, was ich vorher immer ausgeblendet hatte, war nun ein unumstößliches Faktum. Und ich hatte alle Türen, durch die ich mich – vorläufig – aus der Verantwortung hätte stehlen können, zugeschlagen.

Das Entscheidende aber war: Dadurch, dass ich nun meiner Situation unerschrocken ins blutunterlaufene Auge blickte, hatte ich augenblicklich einen Ausgangspunkt. Dabei war es völlig egal, dass dieser Punkt mit »ganz tief in der Scheiße« momentan treffend umschrieben war. Das Navi meines Unterbewusstseins hatte trotzdem neben meinem Ziel die zweite notwendige Information gespeichert. Und damit hatte es eine Basis. Von dieser Basis aus konnte es mich zu meinem Ziel befördern. Und von da aus dann zum nächsten Ziel. Und zum nächsten. Und weiter dorthin, wo ich heute bin. Das heißt an einem Punkt, an dem ich nicht nur völlig schuldenfrei bin, sondern in finanzieller Freiheit lebe und mir tatsächlich alles leisten kann, was ich nur will.

> *»Ein Problem ist halb gelöst, wenn es*
> *ganz klar formuliert ist.«*
> John Dewey

DEN STATUS QUO BESTIMMEN UND AKZEPTIEREN – DIE ERSTE MASSNAHME AUF DEM WEG ZUM ZIEL

Zu den ersten Schritten in Richtung Veränderung gehört also: Schau genau hin! Wie ist die Situation jetzt? Diesen Status quo musst du in ganzem Umfang erst mal genau angucken und annehmen, wie er nun mal ist. Mach dir bewusst: Hinzuschauen ist nicht gleichbedeutend damit, dass das so bleiben muss. Ganz im Gegenteil! Nur wenn du den Ist-Zustand kennst, kannst du ihn verändern. Egal, wie komplex deine Lage möglicherweise ist!

Dass du den Ist-Zustand erfassen musst, um Ziele zu erreichen, gilt wirklich für jeden Bereich.

Nehmen wir den Sport. Willst du einen Marathon laufen, kannst du ein passendes Trainingsprogramm nur festlegen, wenn du dein derzeitiges Fitnesslevel kennst. Bist du völlig untrainiert, beginnst also von null, sieht das Programm logischerweise anders aus, als wenn du bereits regelmäßig fünfmal die Woche zehn Kilometer laufen gehst.

Selbst wenn du nur einen Kuchen backen willst, musst du erst mal das Rezept durchlesen und schauen, ob du alle Zutaten, alle erforderlichen Küchengeräte und eine passende Kuchenform im Haus hast. Ist das der Fall, startest du von einem anderen Ausgangspunkt, als wenn du erst noch die ausgeliehene Form vom Nachbarn zurückholen und Eier und Mehl im Supermarkt besorgen musst.

Oder werfen wir einen Blick auf das etwas heiklere Thema Partnerschaft. Wenn es zu deinen Zielen gehört, etwas für deine Beziehung zu tun, darfst du auch hier nicht vor den manchmal unbequemen Wahrheiten zurückschrecken. In vielen Beziehungen steht ein riesengroßer pinker Elefant im Raum. Anders formuliert: ein – eigentlich – deutlich sichtbares Problem. Unterschwellig wissen zwar beide Partner, dass dieser pinke Elefant der Grund dafür ist, dass sie sich in der Beziehung nicht mehr hundertprozentig wohlfühlen. Statt sich aber mit dem Elefanten zu befassen, tänzeln die zwei immer kunstvoll um ihn herum, um sich ja nicht an ihm zu stoßen. Dann könnten sie seine Existenz ja nicht mehr leugnen. So wie ich die Gläubigerbriefe ungeöffnet weggeschmissen habe, schauen sie lieber nicht so genau hin. Weil beide aber merken, dass etwas nicht stimmt, und das Gefühl haben, etwas tun zu müssen, verordnen sie sich vielleicht, mal wieder häufiger miteinander essen zu gehen. Das ist schön und gut – aber wenn das Problem darin besteht, dass es seit einem Jahr keinen Sex mehr gibt, wird so eine Maßnahme vermutlich wenig bringen. Das ist dann wie in dem Witz, in dem ein Mann unter einer Straßenlaterne seinen Schlüsselbund sucht und, als er gefragt wird, ob er ihn denn auch dort verloren hätte, antwortet: »Nein, dahinten, aber da ist es mir viel zu dunkel.«

Egal, was dahintersteckt: Um ein Beziehungsproblem – und auch jedes andere Problem – lösen zu können, muss man sich erst bewusst machen, worin es besteht. Es gibt keine Patentrezepte. Jedes Problem hat eine andere Lösung. Das heißt aber mit anderen Worten, dass es seine Lösung oft bereits enthält. Genauso ergibt sich der Plan für einen Weg, den du zu deinem Ziel hinnehmen kannst, aus der Relation des Ziels zu deinem Standort.

Übung: Wo stehst du?

Nimm dir bitte wieder ein Blatt Papier und einen Stift zur Hand und überlege: Was ist mein Ausgangspunkt? Notiere alles, was dir dazu einfällt. Ein paar Beispiele:
Wenn du deine Finanzen ordnen und dein Einkommen ver-

größern willst, guckst du dir erst mal ganz genau an, wie viel Geld du momentan besitzt. Ob du Schulden hast, die abgetragen werden müssen. Du guckst, wie viel du im Monat durch deinen Job verdienst oder aus anderen Quellen erhältst und wie viel du bereits sparst oder anlegst. Außerdem schaust du dir an, wofür du dein Geld jeden Monat ausgibst und was davon unvermeidliche Ausgaben sind und wo Einsparpotenziale bestehen. Ebenfalls zu einer solchen Standortbestimmung gehört es, zu schauen, ob du momentan zeitliche Freiräume oder besondere Fähigkeiten hast, die du nutzen könntest, um mehr Einkommen zu generieren.

Willst du ein sportliches Ziel erreichen, bewertest du ehrlich deinen Trainingszustand. Je nachdem, was du vorhast, kannst du in einem Fitnessstudio auch einen entsprechenden Test machen.

Möchtest du auf Weltreise gehen, guckst du dir an, wie viel Geld und Zeit dir dafür derzeit zur Verfügung stehen und welche familiären oder beruflichen Verpflichtungen du hast, die dich möglicherweise davon abhalten könnten. Du kannst hier auch auflisten, wo auf der Welt Freunde oder Verwandte leben, die du bei deiner Reise besuchen könntest.

Ist es dein Ziel, abzunehmen, stellst du dich auf die Waage und notierst anschließend dein Gewicht. Dann nimmst du dir ein Maßband und misst den Umfang deiner Oberschenkel, deiner Hüften und weiterer markanter Körperstellen und notierst auch das. Außerdem schreibst du auf, was du an einem typischen Tag isst und wie viel du dich normalerweise bewegst.

Willst du deine Wohnung von Grund auf renovieren, gehst du systematisch durch alle Räume und schaust, wo genau welcher Handlungsbedarf besteht.

Hast du es dir zum Ziel gemacht, deine etwas eingerostete Beziehung zu verbessern, kannst du deine Bestandsaufnahme erst mal für dich allein machen. Kommst du dabei zu dem

Schluss, dass es vor allem auf deiner Seite Handlungsbedarf gibt, weil du zum Beispiel in letzter Zeit beruflich ziemlich eingespannt warst und wenig Zeit für deinen Partner oder deine Partnerin hattest, reicht diese Solo-Standortbestimmung erst mal. Falls der Handlungsbedarf aber euch beide betrifft, kommst du früher oder später nicht drum herum, deinen Partner mit ins Boot zu holen, damit ihr gemeinsam überlegt, wo es hakt.

Zusammenfassung der wichtigsten Punkte dieses Kapitels:

✖ Dein Unterbewusstsein – eine Reihe unbewusster Vorgänge in deinem Gehirn, die deine Wahrnehmung und deine Handlungen steuern – funktioniert ähnlich wie ein Navigationsgerät.
✖ Um dich auf dem Weg zu deinem Ziel unterstützen zu können, muss es nicht nur dein Ziel kennen, sondern auch deinen genauen Ausgangspunkt.
✖ Die erste Maßnahme zur Entwicklung eines Plans, der dich zu deinem Ziel führt, ist darum deine ehrliche und möglichst genaue Standortbestimmung.

9 HIER GEHT'S LANG! GROB GEPLANT IST HALB GEWONNEN

»Du denkst immer drei Tore voraus – wer am Start schon ans Ziel denkt, kommt meist nicht dort an.«
Alberto Tomba

Ein Freund von mir, ich nenne ihn mal Andreas, hat mir kürzlich erzählt, wie er Karriere gemacht hat. Nach Realschule und Bundeswehr absolvierte er erst mal eine kaufmännische Ausbildung. Dann war er zwei Jahre im Job bei einem Spielzeughersteller – und ärgerte sich plötzlich, dass er kein Abi gemacht hatte. Er wollte eine steile Karriere machen, und das ging seiner Ansicht nach nur mit einem Studium – das hatte man ihm jedenfalls immer so erzählt. Nun wusste er nicht, was er tun sollte. Darum fragte er einen älteren Kollegen um Rat, der ihn als Mentor von Anfang an unter seine Fittiche genommen hatte. Der gab ihm den Tipp, aufzuschreiben, wo er in fünf, in zehn und in zwanzig Jahren beruflich stehen wolle. »Und wenn du in fünf Jahren dein erstes gestecktes Ziel nicht erreicht hast, kannst du immer noch studieren, Junge.«

Andreas nahm sich also einen Zettel und schrieb darauf: *Ich will mit 25 Jahren 8000 im Monat verdienen. Mit 30 will ich mindestens Prokura haben. Mit 40 will ich Geschäftsführer sein und das Doppelte verdienen wie mit 25.* Das war sein ganzer Plan. Den Zettel legte er in seine Schreibtischschublade, und immer wenn er sie aufzog, sah er die drei Sätze. Und wie von Zauberhand bewahrheitete sich das, was er aufgeschrieben hatte. Mit 25 Jahren verdiente er schon deutlich mehr als gleichaltrige Kollegen. Nämlich genau 8000. Das Studium war logischerweise kein Thema mehr. Ein Jahr vor seinem dreißigsten Geburtstag war er bereits Prokurist. Dafür erreichte er sein Ziel, Geschäftsführer zu werden, mit zwei Jahren Verspätung. Das Doppelte wie fünfzehn Jahre vorher verdiente er aber schon mit vierzig.

Ich weiß, das klingt jetzt vermutlich wie eine dieser Geschichten aus amerikanischen Ratgebern, bei denen zumindest ich mich immer kurz frage, ob das Beispiel wohl erfunden ist. Doch da ich Andreas persönlich kenne, weiß ich genau, dass die Story stimmt. Ich weiß aber auch, dass Andreas' Karriere natürlich nicht einfach so passiert ist und er nicht nur untätig in seinem Büro gesessen und gewartet hat, bis sein einmal gefasster Plan irgendwie ohne sein Zutun wahr wurde. Das wäre nämlich mit Sicherheit nicht geschehen. Andreas hat alles dafür getan, dass er seine Ziele erreicht. Wenn es irgendwo eine Herausforderung gab, hat er immer »Hier!« gerufen und sich voll reingehängt. Mit seiner Karriere-Blaupause im Hinterkopf – oder besser: in der Schreibtischschublade – hat er in jeder Situation sofort gewusst, wie er am besten vorgeht. Weil auch sein Mentor seinen Plan kannte, konnte der Andreas bestmöglich unterstützen. Und als Andreas' direkter Chef ihn im Gehaltsgespräch mit Mitte zwanzig fragte, welche Bezahlung er sich so vorstellte, antwortete Andreas ganz selbstverständlich und selbstbewusst: »8000.« Die er dann auch bekam.

EIN ÜBERSICHTSPLAN REICHT AM ANFANG – DIE DETAILS KLÄRST DU AUF DEM WEG

Vielleicht fällt dir auf: Andreas' Plan war ziemlich konkret, er wusste genau, was er wollte. Aber gleichzeitig war der Plan auch – erst mal – nicht sehr detailliert. Das ist kein Fehler, sondern genau richtig so! Denn wenn ein Ziel noch ein gutes Stück in der Zukunft liegt, ist es Quatsch, bis dorthin jedes Detail festzulegen. Stell dir einfach mal vor, du willst abnehmen und bestimmst für mehrere Wochen im Voraus alle Rezepte und kaufst auch schon alles ein. Wenn es dann ans Zubereiten geht, sind viele Lebensmittel längst schlecht geworden. Dann hat dein Essen mit frischer, gesunder, ans Angebot der Saison angepasster Küche nichts mehr zu tun. Dein Rezeptplan nimmt dann auch keine Rücksicht darauf, dass dich inzwischen auf dem Markt die erntefrischen Tomaten anlachen, sondern besteht vielleicht aus Grünkohl und Roter Beete. Planst du dagegen Details wie Rezepte immer nur für eine überschaubare Zukunft, maximal eine Woche im Voraus, kannst du die Tomaten vom Markt und andere Angebote der Saison problemlos in deinen Ernährungsplan integrieren.

Mit Ausnahme von eher kurzfristigen, schnell erreichbaren Zielen, beziehungsweise Zielen, bei denen der Weg im Großen und Ganzen vorgezeichnet ist (das wäre zum Beispiel der Fall bei Kursen oder Workshops, wenn du einen Führerschein machen willst, oder auch beim Buchen einer Reise), reicht es darum anfangs fast immer völlig aus, eine grobe Vorstellung von der gesamten Route zu haben. Nur besonders wichtige Meilensteine sollte man festlegen – so wie Andreas es mit seinen Karrierestationen gemacht hat. Zusammengefasst: Je komplexer dein Vorhaben ist und/

oder je weiter das endgültige Ziel in der Zukunft liegt, umso weniger detailliert sollte der Plan sein. Das sichert dir volle Flexibilität bei plötzlich auftauchenden guten Gelegenheiten (die Tomaten!) und unvorhergesehenen Ereignissen. Gehst du dann den Weg auf dein Ziel zu, siehst du auch nach und nach klarer, wo es – im wahrsten Sinne des Wortes – langgeht. Und natürlich, wo du aktuell stehst. Der Standortabgleich, um den es im vorigen Kapitel ging, bleibt weiter wichtig, um weitere Schritte bestimmen zu können. Denk noch mal ans Navi: Auch das Navi überwacht ständig, wo du gerade bist, und gleicht das mit der ursprünglich geplanten Strecke ab. So erkennt es, ob du irgendwo für eine Kaffeepause abgezweigt bist oder sich der Verkehr nach ein paar Kilometern staut, und empfiehlt dir den aktuell besten Weg, immer mit dem Ziel im Auge. Analog dazu kannst du dir von deinem jeweiligen Standort aus kleinere, sinnvolle Etappenziele für die nächste Zeit setzen – oder manchmal auch den großen Plan an aktuelle Gegebenheiten anpassen.

Bleiben wir noch mal kurz beim Beispiel Abnehmen: Sagen wir, du hast ins Auge gefasst, zehn Kilo in zehn Wochen zu verlieren. Wenn du dann im Rahmen dieses langfristigen Planes merkst, dass du viel schneller abnimmst als geplant – was ungünstig ist, weil es eher zu einem Jo-Jo-Effekt führt als langsamerer Gewichtsverlust –, kannst du dein Ernährungskonzept etwas aufstocken. Merkst du, dass du langsamer abnimmst, kannst du sagen: Okay, dann nehme ich halt nur fünf Kilo in zehn Wochen ab – so what? Dann dauern die zehn Kilo eben etwas länger. Oder du kannst dein Sportprogramm ausweiten, um dein Ziel doch noch im gesteckten Zeitrahmen zu schaffen. Ein guter Plan ist also immer flexibel genug, um Dinge, die du unmöglich voraussehen kannst, zu integrieren. Und zwar so, dass du dein Fernziel trotzdem erreichst.

Noch mal zurück zu Andreas: Selbst wenn sein Basisplan »nur« aus drei ganz klaren Ziel-Suggestionen für drei verschiedene, anfangs noch viele Jahre in der Zukunft liegende Karrierestationen bestand, hat auch er auf dem Weg zu jeder Station immer wieder neue, kleinere Ziele verfolgt. Die haben ihm jedes Mal Erfolgserlebnisse eingebracht und ihn dann Schrittchen für Schrittchen zur nächsten Station getragen. Und von da zur nächsten. Und zur nächsten.

So ein Etappenziel war in seinem Fall zum Beispiel die Umsetzung seiner Idee, den Messeauftritt der Firma komplett zu überarbeiten und so spektakulär zu machen, wie er noch nie gewesen ist – und seinem Arbeitgeber damit größtmögliche Aufmerksamkeit in den Medien zu sichern. Oder eine Kooperation mit einem Freizeitpark auf die Beine zu stellen, die für die Firma eine neue Einkommensquelle darstellte.

Auf den ersten Blick scheinen diese Zwischenziele nichts mit Andreas' Schreibtischschubladenmantra zu tun zu haben. In Wirklichkeit waren aber seine drei Suggestionen der Treibstoff für seine spektakulären Ideen. Denn weil Andreas seine hochgesteckten Karriereziele immer im Hinterkopf hatte, war ihm auch unbewusst immer klar, dass er mit Dienst nach Vorschrift niemals so weit kommen konnte, wie er wollte. Dafür musste er für die Firma ein überdurchschnittlicher Mitarbeiter sein. Wieso sollten die ihn sonst überdurchschnittlich dafür belohnen? Und vor diesem Hintergrund ergaben seine Etappenziele nicht nur für seinen Arbeitgeber, sondern auch für Andreas' eigene Interessen extremen Sinn.

Tipp: Die Erfolgsfrage

Andreas hat sich auf seinem Weg immer wieder eine Frage gestellt, die auch ich mir täglich stelle und die du dir ebenfalls merken solltest, weil sie dich in allen Bereichen auf Erfolgskurs bringt:

Was kann ich den anderen geben, was ihnen nützt?

Denn wenn andere in dich investieren, dir etwas abkaufen oder deine Karriere fördern, dann tun sie das so gut wie immer, weil sie etwas davon haben – und wenn es nur angenehme Gesellschaft ist. Selbst Freunde sind nie ganz selbstlos, sondern möchten, dass du ihnen umgekehrt auch ein Freund bist. Gründest du ein Business, hilft dir diese Frage auch, deine Nische zu finden. Das, worin du gut bist, wo dir keiner was vormachen kann und was dich von Konkurrenten unterscheidet und dich besser macht. Das kann für durchschlagenden geschäftlichen Erfolg entscheidend sein. Ich zum Beispiel war in allen zehn Staffeln, die von *Popstars* gemacht wurden, als Choreograf und Juror dabei. Die anderen Juroren wurden immer mal wieder ausgewechselt. So lange in einem Format waren außer mir nur noch Heidi Klum und Dieter Bohlen. Ich führe diesen Erfolg einerseits darauf zurück, dass ich mich damals zu hundert Prozent committet habe, denn neben *Popstars* gab es beruflich für mich damals nichts anderes. Ein zweiter Erfolgsbaustein war es aber, dass ich mich für jede Staffel neu erfunden habe. Als ich etwa plötzlich mit 32 Kilo weniger in der Jury saß, haben sich die Zuschauer gefragt: Moment, sitzt da jetzt Bruce Darnell? So habe ich den Zuschauern immer wieder etwas Neues geboten – und damit zu guten Quoten der Sendung beigetragen. Der Nutzen war also aufseiten des Publikums, des Senders, der Produktionsfirma und natürlich auch bei mir selbst.

Die Frage, was du anderen geben kannst, bezieht sich nicht nur auf messbare Vorteile für deinen Gegenüber, sondern auch darauf, wie du ihm ein gutes Gefühl geben kannst. Wenn du Freunde finden möchtest, ist ein gutes Gefühl natürlich die Basis. Aber auch wenn du beruflich mit anderen Menschen Geschäfte machst, solltest du wissen, dass etwa 80 Prozent eines Geschäftes immer Emotion sind, nur 20 Prozent haben etwas mit Fakten zu tun. Gehst du in ein Meeting hektisch und emotionslos rein und konzentrierst dich nur auf die Fakten, erreichst du unterbewusst den Menschen gegenüber nicht. Gehst du aber wirklich relaxt ins Treffen und findest erst einmal Gemeinsamkeiten, hast du gleich einen Stein im Brett. Ich mache das immer ganz bewusst so. Sehe ich auf dem Tisch meines Geschäftspartners zum Beispiel ein Bild mit zwei Kindern, sage ich zum Beispiel: »Sind das Ihre Kinder? Die sind ja süß! Wie alt sind die denn?« Wenn ich dann höre, dass die Kinder neun und zwölf sind, kann ich gleich etwas von meiner Familie erzählen. So schaffe ich eine emotionale Ebene, auf der wir uns verbunden fühlen. Vielleicht geht es auch nicht um die Familie, sondern um einen gemeinsamen Sport. Das ist ganz egal. Von einer Stunde Meeting gelten schätzungsweise 45 Minuten dem Schaffen einer Verbindung, um den Abschluss des Geschäfts geht es fast immer erst in der letzten Viertelstunde, beinahe beiläufig. Erfolgreich bin ich dabei heute fast immer.

LAUF LOS – UND DEIN PLAN ROLLT SICH AUTOMATISCH VOR DIR AUS

Natürlich ist jede berufliche Karriere ein bisschen anders. Nehmen wir mal an, du sitzt – ich komme hier noch mal auf das Beispiel aus dem vorigen Kapitel zurück – für neun Euro brutto die Stunde an der Supermarktkasse. Du hast dir jetzt also einen ähnlichen Zettel wie Andreas geschrieben. Darauf steht, dass du in vier Jahren dreimal so viel verdienen willst wie jetzt. Das Erreichen dieses Ziels hast du dir schon filmreif vorgestellt. Du weißt: Das soll kein Kopfkino bleiben, du willst mehr Kohle. Momentan kommst du in deinem Kassenjob allerdings auf maximal 1400 im Monat, und das auch nur, wenn du dich richtig reinhängst – und daneben hast du definitiv keine Zeit mehr für irgendeinen Extrajob.

Diese Ausgangslage hast du, wie in Kapitel acht empfohlen, glasklar analysiert. Setzt du sie nun in Relation zu deinem Ziel, erkennst du ziemlich schnell, dass du es nicht erreichen wirst, wenn du alles einfach so weiterlaufen lässt wie bisher. Okay, dass irgendein Casting-Agent dich zufällig an der Kasse für die Hauptrolle im nächsten Blockbuster entdeckt oder du eine Riesenerbschaft von einer verschollenen Tante machst, ist natürlich theoretisch möglich, aber darauf bauen möchtest du lieber nicht.

Du beginnst also zu überlegen: Wenn ich an der Kasse bleibe, kann ich mein finanzielles Ziel nicht erreichen. Logischer Umkehrschluss: Ich darf nicht an der Kasse bleiben! Du überlegst weiter: Was kann ich stattdessen machen? Du fühlst dich grundsätzlich in der Firma wohl, darum denkst du erst mal darüber nach, was es dort für Möglichkeiten geben könnte. Dir fällt ein: Sollte ich in die Abteilungsleiter- und später vielleicht in die Marktleiter-Position aufsteigen, könnte ich eine Verdreifachung meines Einkommens – oder sogar mehr – sehr wohl schaffen. Das könnten also mögliche Stationen auf deinem Weg sein ...

Schon kommst du ins Tun: Du informierst dich über die Karrieremöglichkeiten in deiner Firma. Dabei stellst du fest, dass intern einige Weiterbildungsmöglichkeiten angeboten werden. Eine davon, die dich im Verkauf fit macht, würde dich deinem Ziel schon einmal etwas näher bringen, weil dabei mehr gezahlt wird als an der Kasse. Also tust du einen weiteren Schritt: Du meldest dich an. Das Absolvieren der Fortbildung ist dein erstes Etappenziel, das du erfolgreich abhakst. Danach arbeitest du nicht mehr an der Kasse, sondern zunächst einige Monate im Verkauf. Noch ein beflügelnder Erfolg und der nächste Schritt auf dein Ziel zu. Gleichzeitig hast du weiter ein Auge auf angebotene Fortbildungen. Schließlich hörst du von einem Führungskräfte-Entwicklungstraining. Du nimmst daran teil. Kurz darauf ergibt sich die Möglichkeit, in einem anderen Markt desselben Unternehmens Abteilungsleiterin zu werden. Während du dort arbeitest, entdeckst du ein verlockendes Stellenangebot der Konkurrenz, bewirbst dich für einen Marktleiter-Posten und wirst genommen ... Plötzlich sind die vier Jahre rum und du verdienst sogar noch mehr, als du dir vorgenommen hattest.

Obwohl dein Plan erst mal vor allem aus deiner Zielbeschreibung, deiner Vision, bestand, hat sich dir nach und nach der Weg gezeigt, weil du den Mut hattest, loszugehen. Das ist so ähnlich, wie mit dem Auto loszufahren. Da überblickst du ja auch nicht die gesamte Route von Anfang an, sondern die meisten Abzweigungen siehst du erst, wenn du sie erreichst. Darum musst du nicht deinen gesamten Plan in jeder Einzelheit von A nach B von vornherein festlegen.

> *»Leben ist das, was passiert, während du eifrig*
> *dabei bist, andere Pläne zu machen.«*
> John Lennon

INFORMIERE DICH ÜBER MÖGLICHE WEGE – ABER MACH DICH NICHT ZU DEREN SKLAVEN

Versteh mich hier bitte nicht falsch: Natürlich kannst und solltest du dich näher informieren, welche Möglichkeiten es gibt, dein Ziel zu erreichen und was dabei zwingend notwendig ist.

Wenn du ein Start-up gründest, gibt es zum Beispiel bestimmte Dinge, die du unbedingt beachten solltest. Du brauchst etwa eine tragfähige Geschäftsidee, aber auch Startkapital, kaufmännische Kenntnisse und so weiter. Aber diese Grundlagen kannst du auf verschiedene Art und Weise bereitstellen. Du kannst dich mit anderen zusammentun, die ausgleichen, worin du nicht so fit bist. Um Kapital zu bekommen, musst du nicht immer nur zur Bank, sondern kannst ein Crowd Funding starten oder Investoren suchen. Und so weiter.

Wenn du abnehmen willst, ist natürlich die Basis, dass du mehr Energie verbrauchst, als du aufnimmst. Um das hinzubekommen, gibt es aber viele Möglichkeiten. Verschiedene Ernährungsformen oder Programme, die Bewegung mit Kalorienreduktion verbinden. Willst du mit dem Rauchen aufhören, gibt es auch hier diverse Methoden. Möchtest du ein sportliches Ziel erreichen, existieren erprobte Trainingspläne. Es gibt Ratgeber und Leitfäden für fast alles, ob du nun einen Teich für Koi-Karpfen anlegen möchtest, eine Eisdiele eröffnen oder ein Haus renovieren willst.

All das sind wichtige Informationsquellen, keine Frage! Sie verschaffen dir einen Überblick und geben dir Orientierung. Aber es gibt fast immer mehrere Wege zum Ziel. Das solltest du nie vergessen. Und wenn die eine Methode nicht passt, funktioniert oft eine andere. Du solltest dir immer die

Freiheit und Flexibilität zugestehen, den Weg zu finden, der für dich persönlich am stimmigsten ist. Es ist dein Leben und nicht das des Trainingsplan-Erstellers, des Ratgeber-Autors oder des Coaches.

Und während du deinen Weg gehst, ist es extrem hilfreich, Tools zu haben, mit denen du von jeder Etappe aus immer die jeweils nächsten Schritte festlegen kannst. Darum gucken wir uns jetzt einmal an, wie du so einen flexiblen Plan nach und nach entwickelst.

Zusammenfassung der wichtigsten Punkte dieses Kapitels:

✖ Planung ist wichtig, aber je weiter in der Zukunft dein Fernziel liegt, umso gröber sollte der übergreifende Plan sein, damit er immer flexibel genug ist, um auf Dinge, die du nicht voraussehen kannst, zu reagieren.

✖ Setze dir Etappenziele, an denen du deinen Standort noch einmal analysierst. Von dort aus plane die nächsten Schritte.

✖ Wenn du, mit deinem Fernziel als Vision, losgehst, wird sich der genaue Plan unterwegs entfalten.

✖ Die Frage *Was kann ich den anderen geben, das diesen anderen nützt?* bringt dich in allen Bereichen auf Erfolgskurs, weil Erfolg immer auch ein Tauschgeschäft ist.

10 SMARTES STRETCHING: STÜCK FÜR STÜCK AN JEDES ZIEL

> »Ich konnte noch nie einer Herausforderung
> widerstehen, bei der die Aussicht auf Erfolg gering
> war und ich das Gegenteil beweisen konnte.«
> Richard Branson

Erinnerst du dich an die Übung »Die Mindmap für dein Hammerleben« aus Kapitel drei? Da hatte ich dich gebeten, auf keinen Fall an mögliche Hindernisse zu denken, während du dir in den schillerndsten Farben dein Traumleben ausmalst. Du solltest außerdem keinesfalls versuchen, dir auszudenken, wie es genau vor sich gehen könnte, dass all das, was du dir erträumst, wahr wird. Das hatte (und hat) einen wichtigen Grund: Probierst du nämlich von Anfang an, dir den Weg zu einem manchmal hochgesteckten Ziel gleich ganz praktisch mit vorzustellen, bringt das deine Träume in Gefahr. Kriegst du das nämlich nicht sofort hin, könntest du daraus voreilig den (Fehl-)Schluss ziehen, dass es unmöglich ist, den Wunsch zu verwirklichen. Du verzichtest dann schlimmstenfalls von vornherein darauf, dir das entsprechende Ziel zu setzen. Und dann gehst du auch nie los und wirst natürlich recht behalten mit deinem Vorurteil, dass das Ziel für dich unerreichbar ist. Das wäre ziemlich dumm.

Die Wahrheit ist nämlich: Erfolgreiche Menschen setzen sich fast nur Fernziele, von denen sie zu Beginn nicht die geringste Ahnung haben, wie sie sie erreichen sollen! Sie vertrauen aber darauf, dass sie schon irgendwie einen Weg finden werden, um ans Ziel zu kommen. Oft haben sie schon mehrere solcher »unmöglichen« Ziele erreicht, das gibt ihnen Sicherheit, dass es beim nächsten Mal auch wieder klappt. Vielleicht denkst du jetzt: Na toll, ich fang doch gerade erst an, wo soll ich solche Selbstsicherheit hernehmen? Dann möchte ich dich beruhigen: Auch die heute Erfolgreichen haben irgendwann mal angefangen. An diesen Punkt wirst du auch noch kommen – das Einzige, was du nicht tun darfst, ist aufgeben.

NICHTS IST UNMÖGLICH: GRIFF NACH DEN STERNEN MIT STRETCH GOALS

Zurück zu den Zielen mit (noch) unbekannter Route. So ein außerhalb der Komfortzone liegendes Fernziel wird »Stretch Goal« genannt. Das ist also auch schon dem Namen nach ein Ziel, nach dem man sich ziemlich strecken muss. Stretch Goals sind seit den Neunzigerjahren wissenschaftlich sehr genau untersucht worden. Der Begriff tauchte damals auf, nachdem der Geschäftsführer des US-Energieunternehmens General Electrics mit Stretch Goals den Erfolg des Konzerns derart vergrößert hat, wie man es damals eigentlich nicht für möglich gehalten hatte. Wissenschaftler haben dann beobachtet, dass Unternehmen und Organisationen, in denen es üblich ist, den Mitarbeitern Stretch Goals zu setzen, besonders produktiv, innovativ und effektiv sind. Diese Leute lösen auf den ersten Blick »unlösbare« Probleme und schaffen viel mehr in kürzerer Zeit. Wenn Menschen Stretch Goals erfüllen sollen, werden sie fast immer extrem erfindungsreich. Sie erkennen nämlich schnell, dass sie das Ziel mit ihren üblichen Routinen niemals erreichen können. Weil ihr Chef ihnen aber erklärt, dass es keine Option ist, zu behaupten, das Ziel sei nicht erreichbar, müssen sie notgedrungen in neuen Bahnen denken. Sie hinterfragen Gewohnheiten und Routinen und stellen sich stattdessen konstruktive und zielführende Fragen: *Wie könnte es gehen? Was muss ich ändern, damit es klappt?* Und siehe da: Plötzlich ist fast nichts mehr unmöglich! Das Beste ist: Um von Stretch Goals zu profitieren, brauchst du keinen Chef. Der bist du nämlich selbst.

MEIN STRETCH GOAL – UND DIE ERSTEN SCHRITTE DARAUF ZU

Ein echtes Stretch Goal war es für mich zum Beispiel erst einmal, dieses Buch zu schreiben. Klar, ich habe schon einige Kochbücher und Fitnessbücher auf den Weg gebracht. Und natürlich meine Biografie *Heimkind – Neger – Pionier.* Aber einen ganzen Ratgeber zu schreiben, der andere Menschen motiviert, ihre Ängste zu überwinden und ihr Leben in die Hand zu nehmen, das ist noch einmal etwas ganz anderes.

Doch die Voraussetzungen stimmten. Die Idee hat meinen Ziele-TÜV durchlaufen und mit Bravour bestanden. Ja, ich wollte dieses Buch schreiben! Unbedingt! Ich hatte und habe die Vision, anderen Menschen etwas mitzugeben, sie zu motivieren und sie weiterzubringen, das ist genau mein Ding. Ich konnte mir auch bereits ganz wunderbar das Glücksgefühl vorstellen, wenn ich das fertige Buch endlich in den Händen halte. Wie ich darüber in der *NDR-Talkshow,* im *Riverboat* und ganz vielen anderen Sendungen spreche. Konnte mir vorstellen, wie ich Vorträge zum Thema halte. Kurz: Ich hatte eine Eins-a-Vision! Ich hatte auch keinerlei Zweifel, dass ich mein Ziel erreichen würde.

Trotzdem, nachdem ich mich entschlossen hatte, saß ich an meinem Schreibtisch und dachte: Ups, wie gehe ich das jetzt an? Dann habe ich getan, was ich in solchen Fällen immer tue. Ich habe mir ein Blatt Papier genommen. Ganz unten habe ich ein Kreuzchen gemacht, das war mein Status quo, der Ausgangspunkt. Oben habe ich hingeschrieben: »*Scheiß drauf, mach's einfach!* – die neue Nummer eins der SPIEGEL-Bestseller-Liste. Sachbuch von Detlef Soost«. Ich gehe immer erst mal vom bestmöglichen Resultat aus. Dann habe ich einen Pfeil vom Kreuzchen bis zum Ziel gezogen und mir die Frage gestellt: Wie komme ich von A nach B? Was können erste Schritte sein, die ich gehen kann?

Und natürlich die typischen Stretch-Goal-Fragen:

Wie könnte es gehen?
Was muss ich tun oder vielleicht auch ändern, damit es klappt?

Und dann habe ich links und rechts dieses langen Pfeils alles erst mal ganz ungeordnet aufgeschrieben, was mir einfiel. In diesem Fall: *Liste machen, was alles ins Buch reinsoll. Mögliche Verlage fürs Projekt herausfinden. Meine persönlichen Rituale und Suggestionen aufschreiben. Alle Bücher zusammenstellen, die ich selbst gelesen habe und die mir geholfen haben. Liste der persönlichen Erlebnisse machen, in denen ich mich selbst motiviert habe. Zeitrahmen festlegen: Wann soll das Buch rauskommen?* Und so weiter. Ich habe im Grunde ein klassisches Brainstorming gemacht, und je mehr ich nachgedacht habe, umso mehr ist mir eingefallen. Als ich vorläufig damit fertig war, habe ich die Punkte nummeriert und so in eine sinnvolle Reihenfolge gebracht – und war schon mal ein ganzes Stück weiter, denn nun hatte ich zwar noch keinen superdetaillierten Plan, aber trotzdem eine Idee, wie es weitergehen kann. Das ist nämlich der Punkt: Du musst nicht alle Schritte bis zum Ziel kennen. Der nächste und vielleicht der übernächste Schritt reichen erst mal vollkommen. Der Rest zeigt sich dann. Nach meinem Brainstorming bin ich ins Bett gegangen und habe darüber geschlafen. Und als ich am nächsten Morgen aufgewacht bin, wusste ich genau, welchen Schritt ich als Allererstes tue – nämlich meinen Manager Ulf anrufen und mit ihm einen Termin machen, bei dem ich alle weiteren Punkte bespreche.

Diese Übung ist so simpel, aber genau darum so effektiv. Und deswegen möchte ich dich bitten, sie jetzt auch einmal zu machen – ganz besonders, wenn du noch ein Brett vorm Kopf hast und beim besten Willen nicht weißt, wie dein nächster Schritt aussehen soll.

Übung: Das leere Blatt

Nimm dir bitte, wie ich es getan habe, ein leeres Blatt. Unten auf den Bogen kommt ein Kreuzchen – dein Standort. Oben schreibst du dein Fernziel hin. Das große oder kleine Ziel, das du erreichen willst. Und wirst! (Es ist scheißegal, ob du gerade immer noch ein bisschen daran zweifelst, ob du das jemals erreichen kannst. Glaub mir, du kannst – und an deinem Glauben an dich selbst werden wir noch arbeiten!)

Zwischen beide malst du einen Pfeil. Und auf das Blatt links und rechts des Pfeils schreibst du nun mögliche erste beziehungsweise nächste Schritte. Frage dich: Wie könnte ich mein Stretch Goal erreichen? Was muss ich tun, damit es klappt? Was muss ich vielleicht auch ändern, damit es klappt? Wenn du fertig bist, bringst du die einzelnen Punkte in eine sinnvolle, zeitliche Abfolge, indem du sie nummerierst. Et voilà: Schon hast du eine Auswahl, was du sofort tun kannst!

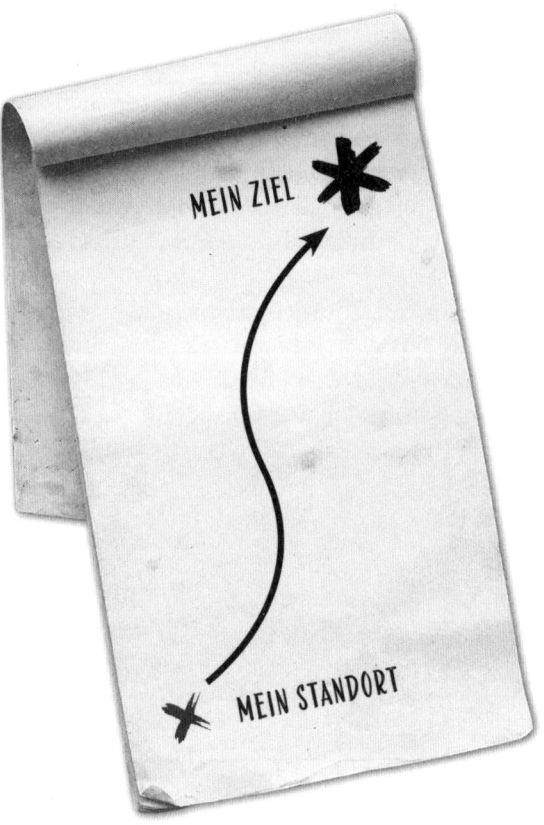

Du kannst diese Übung so oft machen, wie du möchtest. Immer, wenn du auf dem Weg zum Ziel gerade nicht weißt, wie es weitergehen soll. Sie wird dich jedes Mal wie ein Kompass wieder auf dein Ziel »einnorden« und dir Klarheit verschaffen.

CLEVER UND S.M.A.R.T. AUF DEM WEG

Neben den Stretch Goals, den Fernzielen, gibt es noch einen zweiten Typ von Zielen. Diese Ziele heißen S.M.A.R.T.-Goals, und sie sind perfekt, um sich nächste Etappenziele zu setzen und den Weg zum großen Ziel in gut verdauliche Häppchen zu portionieren. Das englische Wort *smart* bedeutet auf Deutsch nicht nur »schlau«, sondern ist eine Gedächtnisstütze, ein Akronym, das sich aus den Anfangsbuchstaben der wichtigsten Punkte des S.M.A.R.T.-Prinzips zusammensetzt. Im Einzelnen bedeuten die Buchstaben:

S. – **S**pezifisch (*specific*)
M. – **M**essbar (*measurable*)
A. – auf **A**ktion ausgerichtet* (*action-driven*) bzw. erreichbar (*achievable*)
R. – **R**elevant** *(relevant)*
T. – **T**ermin (*time-bound*)

---

* Manchmal wird das »A« auch anderen Zieleigenschaften zugeordnet: attraktiv, ambitioniert, bestimmbar (*assignable* im englischen Original), *agreed* (beschlossen), in Übereinstimmung mit weiteren Zielen (*aligned*). Alle diese Eigenschaften sollte das Ziel ebenfalls haben, aber für mich am aussagekräftigsten ist definitiv der Hinweis auf die Aktion, den ersten Schritt. Außerdem finde ich »erreichbar« sehr wichtig, denn um ein Ziel zu erreichen, muss man immer daran glauben können, dass das möglich ist.

** Auch das »R« hat manchmal alternative Zuordnungen, von denen »realistisch« die gängigste ist. Ich finde »realistisch« aber etwas gefährlich, weil es gerade bei etwas pessimistisch veranlagten Zeitgenossen dazu führen kann, ein Ziel frühzeitig als »unrealistisch« abzustempeln und dann die Hände in den Schoß zu legen.

S.M.A.R.T.-Ziele sind schon in den Siebzigerjahren von Arbeitspsychologen untersucht worden. Damals hat man ein Experiment mit erfahrenen und bereits sehr flinken Sekretärinnen in einer großen Firma durchgeführt. Zu der Zeit wurde noch von Hand auf Schreibmaschine geschrieben. Die Sekretärinnen schafften zu Beginn des Experiments im Schnitt jeweils 98 Zeilen pro Stunde. Nun wollte man ausprobieren, ob sie ihre Schnelligkeit noch etwas steigern könnten. Jede Sekretärin bekam nach Absprache mit den Versuchsleitern ein S.M.A.R.T.-Ziel. Dieses Ziel war, gemäß der, S.M.A.R.T.-Anforderungen, spezifisch und messbar – zum Beispiel 100 Zeilen pro Stunde. Es war auf Aktion ausgerichtet, und die jeweilige Sekretärin hielt es zwar für ehrgeizig, aber machbar (*achievable*). Und relevant war es, weil eine Steigerung der Schnelligkeit auch die Produktivität des Unternehmens steigern würde. Außerdem gab es einen Termin: Nach einer Woche würde die Geschwindigkeit erneut gemessen werden.

Es gab Kritiker, die davon überzeugt waren, dass Sekretärinnen mit langer Berufserfahrung sich wohl kaum noch verbessern könnten. Doch eine Woche später schafften die Sekretärinnen im Schnitt 103 Zeilen, und abermals eine Woche später waren sie mit 112 Zeilen sogar noch schneller geworden. Bei einem Kontrollbesuch drei Monate später war die neue Geschwindigkeit beibehalten oder sogar noch weiter gesteigert worden. Und das allein, weil die Mitarbeiterinnen sich auf eine ganz bestimmte Art und Weise ihr Ziel gesetzt hatten. Ich würde also einfach mal sagen: Probieren wir's aus!

Nimm dir einen Schritt vor, den du gerade in der Übung »Das leere Blatt« notiert hast, und splitte ihn nach den S.M.A.R.T.-Prinzipien auf. Sagen wir einmal, du willst ein Café in deiner Stadt eröffnen. Du hast also dein Ziel aufgeschrieben und mögliche Schritte, die du als Nächstes auf das Ziel zu tun könntest.

Du suchst dir jetzt beispielsweise den Punkt *Heraus-finden, welche für mein Café passenden Immobilienangebote es derzeit in der Gegend gibt* aus. Den kannst du dann in ein S.M.A.R.T.-Ziel umwandeln:

- Du kannst dein Ziel etwa weiter **spezifieren** zu: *Ich finde heraus, welche Makler in der Gegend aktiv sind, und checke deren Angebot an für ein Café geeigneten Lokalen.* **(S.)**
- Du machst es **messbar**: *Ich checke jeden Tag vor der Arbeit mindestens zehn Angebote online und notiere deren Vor- und Nachteile.* **(M.)**
- Dass du dabei **in Aktion** kommst, versteht sich von selbst, und ohne Weiteres erreichbar (*achievable*) ist das Ziel auch, weil es keine Vorkenntnisse erfordert und du dir dafür Zeit freischaufelst. **(A.)**
- **Relevant** ist es, weil es dich deinem Fernziel näher bringt, indem es geeignete Immobilien für dein Café einkreist. **(R.)**
- Und einen **Termin** setzt du dir, indem du zum Beispiel sagst: *Nach einer Woche will ich einen Überblick über alle Angebote haben.* **(T.)**

Die einzelnen Schritte befolgst du, und, zack, hast du einen Schritt auf dem Weg zu deinem Ziel abgehakt. Ein super Erfolg! Das motiviert dich nicht nur, daraus ergibt sich dann auch direkt die nächste Aktion: Du triffst eine Auswahl aus den Angeboten, machst Besichtigungstermine und fährst hin. So führt ein Schritt zum nächsten. Indem du jeden Schritt als S.M.A.R.T.-Ziel formulierst, hast du immer einen konkreten und nachvollziehbaren Handlungsplan für die nächste Etappe. Und sobald ein S.M.A.R.T.-Ziel erledigt ist, nimmst du dir ein weiteres vor. So kommst du stetig voran.

Wichtig ist bei S.M.A.R.T.-Zielen aber immer, dass sie einem Stretch Goal untergeordnet sind. Das heißt, sie müssen dich dem Stretch Goal jedes Mal ein Stück näher bringen. Sonst läufst du Gefahr, Ziele nur zu formulieren, um das schöne Gefühl zu genießen, wenn du sie abhakst.

GUTER PLAN: UNSCHAFFBAR SCHEINENDES SMART AUFTEILEN

Eine der wichtigsten Funktionen von S.M.A.R.T.-Zielen ist es, deinen Glauben an die Erreichbarkeit deines Fernziels zu stärken. So ein großes Ziel kann nämlich erst mal einschüchtern, weil du den ganzen Berg vor dir auf einmal anguckst. Dann hast du plötzlich das Gefühl: Boah, so hoch, das schaffe ich nie! Wenn du nun aber deinen Fokus auf den nächsten Schritt legst und den dann noch mal in Unterschritte zerlegst, scheint der Berg plötzlich überhaupt nicht mehr so überwältigend. Statt »Das schaff ich nie« denkst du: »Doch, wenn ich einen Schritt nach dem anderen mache, dann geht es!«

Ein einziges großes Stretch Goal war zum Beispiel jedes Mal für mich – und alle Beteiligten – das *Popstars*-Casting. Innerhalb von ein paar Monaten die richtigen Menschen zusammenzubringen und aus blutigen Amateuren, ohne Erfahrung mit Bühnenpräsenz und Choreografie, Profis zu machen, die auf gleichem Niveau wie große Stars performen und längerfristig Erfolg haben können – das ist eine Riesen-Challenge. Aber dadurch, dass wir dieses große Ziel in viele kleine, mit Willen, Enthusiasmus und Disziplin zu bewältigende Etappenziele – S.M.A.R.T.-Ziele – aufgeteilt haben und einfach einen Schritt nach dem anderen gegangen sind, wurde auch dieses Stretch Goal zu einem erreichbaren Vorhaben. Trotzdem, als ich bei *The Dome* mit den *No Angels*, der ersten Band, die bei *Popstars* entstanden ist, hinter den Kulissen stand, war das ein unglaublicher Moment – der magische Gänsehaut-Augenblick, bei dem die Zielgerade sichtbar wird. Ich habe den Mädels gesagt: »Ihr geht jetzt da raus, ihr seid gut, ihr habt euch super vorbereitet – und ihr werdet fantastisch sein.« Dann sind die fünf raus auf die Bühne, haben das Ding abgeliefert und die Leute draußen sind durchgedreht. Danach lagen wir uns – alle fünf *No Angels* und ich – in den Armen und haben geheult vor Glück. So ein Gefühl ist die großartige Belohnung, die du dafür bekommst, wenn du *all in* gehst und dein Ziel ohne Wenn und Aber verfolgst.

Doch kommen wir auch noch mal zurück zu meiner Situation, nachdem ich den einen Tag im Gefängnis verbracht hatte. Da hatte ich mir ja das Fernziel gesetzt: *Du gehst jetzt vorwärts, bis du 10.000 Mark Guthaben auf dem Konto hast!* Jetzt liegen zwischen minus 65.000 Mark und plus 10.000 Mark unfassbare 75.000 Mark – auf einmal klingt das unglaublich viel. Darum habe ich mir ein S.M.A.R.T.-Ziel gesetzt (ohne zu wissen, dass man es so nennt). Damals habe ich getanzt und gemodelt, allerdings bis zu diesem Zeitpunkt nicht sehr zielgerichtet. Ich habe also zu mir selbst gesagt: »Okay, Detlef! Drei Monate lang tust du ab sofort alles, um mit dem Tanzen und dem Modeln Geld zu verdienen. Du denkst dir neue Strategien aus, trommelst Leute zusammen, was auch immer. Wenn du dann feststellst, dass es nicht funktioniert, dann akzeptiere das und suche dir einen festen Job.« Durch den Termin nach drei Monaten hatte ich etwas, auf das ich hinarbeiten konnte und das nicht so weit in der Ferne lag wie das Ziel, 10.000 Euro auf dem Konto zu haben. Der Effekt war: Ich habe jeden Tag Vollgas gegeben, weil ich natürlich mit dem Geld verdienen wollte, was ich gerne mache. Ich habe neue Ideen ausprobiert, ein Tänzerteam für Modenschauen rekrutiert und Werbung dafür gemacht. Ich bin täglich in Einkaufszentren gefahren und habe dort mit den Verantwortlichen in großen Modeläden und den Centerleitern gesprochen, habe ihnen Bilder gezeigt, erklärt, wie eine Modenschau aussehen und was sie ihnen bringen könnte. Viele winkten ab, aber ein paar hatten Interesse. Ich blieb am Ball. Und siehe da, plötzlich fing die Sache an zu funktionieren. Mein Einkommen stieg, gleichzeitig tat ich alles, um meine Ausgaben zu senken – da haben wir wieder die Messbarkeit. Dieses Funktionieren hat mich motiviert weiterzumachen, denn ich habe gemerkt: Es kann klappen!

Heute coache ich oft Menschen, die abnehmen möchten, und da frage ich schon mal spaßeshalber: »Sag mal, könntest du dir vorstellen, 142 Gramm am Tag abzunehmen?« Fast jeder antwortet dann spontan und ohne zu überlegen: »Na logisch, das ist ja nicht viel.« Dann sage ich: »Okay, jetzt rechne mal hoch: Wenn du das über zehn Wochen machst, wie viel hast du dann abgenommen?« In dem Moment fallen die Leute fast um: »Wow! Zehn Kilo!« Auch hier hast du wieder ein spezifisches, messbares Ziel – 142 Gramm am Tag.* Das erscheint dir erreichbar (*achievable*), und du

---

* Falls du auch abnehmen willst und dich an dieses Beispiel halten möchtest: Bitte kontrolliere nicht jeden Tag, ob du die 142 Gramm schon abgenommen hast, sondern stelle dich nur einmal die Woche auf die Waage. Der Grund dafür: Dein Gewicht unterliegt täglichen Schwankungen, je nachdem, was du gegessen oder getrunken hast, ob du geschwitzt hast und ob du auf der Toilette warst. Bei Frauen kommen noch die monatlichen hormonellen Vorgänge dazu, die zeitweise zu Wassereinlagerungen, Aufbau von zusätzlichem Gewebe und verändertem Stoffwechsel führen. Außerdem möchte ich dich daran erinnern: Wenn du deine Ernährungsumstellung mit Sport begleitest, denke bitte immer daran, dass Muskeln deutlich schwerer sind als Fett. Du kannst bereits schlanker werden, bevor du auch nur ein einziges Gramm Gewicht verloren hast – manchmal wirst du sogar vorübergehend

bist motiviert, in Aktion zu kommen, indem du dir überlegst, wie du deine Ernährung und dein Bewegungspensum auf dieses Ziel ausrichtest. Und einen Termin setzt du dir, indem du einmal die Woche checkst, ob du dein Ein-Kilo-Ziel erreicht hast. Ein Fernziel auf diese Art und Weise zu betrachten, ist extrem motivierend, weil es damit wirklich bewältigbar erscheint.

Ein anderes gutes Beispiel sind finanzielle Ziele. Viele Leute hätten sicher gerne 50.000 Euro auf dem Konto, zweifeln aber daran, so viel zur Seite legen zu können. 50.000 Euro klingen einfach nach verdammt viel Geld. Darum denkt man schnell: »Das ist unmöglich, das schaffe ich nie!« Aber lass uns auch das einmal runterrechnen: Wenn ich in zehn Jahren 50.000 Euro zur Verfügung haben möchte, sind das 5.000 Euro im Jahr, die ich sparen muss. Im Monat sind es knapp 417 Euro. Wenn du jetzt weiter runterrechnest, stellst du fest: Es sind etwas mehr als 13 Euro am Tag. 13 Euro, die du sparen – oder zusätzlich verdienen – müsstest, um 50.000 Euro zusammenzubekommen. Und da sind noch nicht die Gewinne dabei, die du bekämst, wenn du das bis dato Gesparte von Zeit zu Zeit clever anlegen würdest!

Wenn du dir angewöhnst, deine Vorhaben so anzuschauen, kommst du auch sehr schnell auf Ideen, wie du diese kleinen Schritte bewerkstelligen kannst. 13 Euro am Tag, das sind zum Beispiel drei Latte Macchiato to go oder ein Mittagessen mit Getränk beim Chinesen um die Ecke. Wenn du dir den Kaffee in der Thermoskanne mitnimmst oder im Büro selber machst, oder wenn du dir nichts aus-

schwerer. Darum ist es empfehlenswert, nicht nur das Gewicht, sondern auch deine Maße regelmäßig zu checken. So bekommst du ein sehr viel genaueres Bild davon, wie schnell du dich deiner Traumfigur näherst.

wärts holst, sondern selbst dein Essen mitbringst, hast du schon fast die gesamte Summe gespart. Kombinierst du beides, hast du sogar plötzlich das Doppelte! Wenn du dich, statt für 100 Euro monatlich fünf T-Shirts zu kaufen, diesmal auf zwei beschränkst, hast du schon deine 13 Euro für mehr als vier Tage zusammen. Oder du kaufst dir nur zwei oder dreimal im Jahr für 100 Euro ein qualitativ hochwertiges Hemd – und ansonsten gar keine T-Shirts. Oder du findest einen Nebenjob, in dem du dir täglich ein paar Euro dazuverdienst, die du eben nicht ausgibst, sondern zurücklegst. Oder, oder, oder.

Noch ein Beispiel: Du willst ein Buch schreiben. Du hast eine tolle Idee, aber dir erscheinen 200 oder 300 Seiten, die so ein Buch im Schnitt hat, wie ein unglaublicher Brocken. Du hast sogar schon gedacht, dass du deswegen vermutlich deinen Job aufgeben müsstest. Das willst du aber nicht, weil dir deine Arbeit Spaß macht. Berechnest du jetzt aber, wie viel du pro Tag schreiben müsstest, wenn du dir ein Jahr Zeit für dein Buch nimmst, kommst du auf die überraschende Erkenntnis: Wenn du dir diesen Zeitrahmen steckst, musst du nicht einmal eine Buchseite – das ist etwa eine halbe Din-A4-Seite bei normalem Zeilenabstand – pro Tag schreiben! Betrachtest du dein Vorhaben so, sieht es gleich viel verdaulicher aus. Dann kommst du möglicherweise auf die Idee, morgens noch vor dem Frühstück anderthalb Stunden am Buch zu arbeiten. Voilà: Du musst deine Arbeit nicht aufgeben und trotzdem erreichst du dein Ziel.

Du siehst: Brichst du dein Ziel herunter, gibt es plötzlich unendlich viele Möglichkeiten!

An dieser Stelle möchte ich dir ein Planungswerkzeug vorstellen, das ich den Teilnehmern meiner Coachings zeige. Dieses Tool hilft dir, neue Gewohnheiten in deinem Leben zu installieren. Es eignet sich besonders, wenn du noch ein bisschen Bammel vor deiner eigenen Courage hast und nicht der Typ bist, der mit dem Kopf voraus ins kalte Wasser springt.

Übung: Das 28-Tage-Ritual für neues Verhalten

Das 28-Tage-Ritual basiert auf einem ganz einfachen Plan: Du ziehst jede neue Sache vier Wochen lang durch. Danach gehst du noch einen Schritt weiter und nimmst einen weiteren Aspekt hinzu. Auch die Stärke dieses Rituals liegt darin, dass du den Weg zum Ziel in bekömmliche Häppchen aufteilst. 28 Tage klingt nicht so monumental wie »für immer«. Im Grunde ist es ein psychologischer Trick, mit dem du Stück für Stück neue Verhaltensweisen in dein Leben holst, bis sie zur festen Gewohnheit geworden sind. Nach 28 Tagen bist du auf dem besten Weg, dass dir das neue Verhalten in Fleisch und Blut übergeht. In einer englischen Studie dauerte es im Schnitt 66 Tage, bis die Teilnehmer das Verhalten vollständig automatisiert hatten, je nach persönlichem Enthusiasmus konnte es aber auch erheblich schneller gehen. Da du nach den 28 Tagen ja mit der ersten neuen Verhaltensweise weitermachst, wirst du auf alle Fälle dein Ziel erreichen.

Nehmen wir einmal an, du bist schüchtern und willst endlich offen und locker im Umgang mit anderen Menschen werden. Dann könnte so eine erste Monatsaufgabe sein:

Ab heute lächele ich 28 Tage lang jeden Tag mindestens fünf Menschen an, die mir begegnen, und schaue ihnen in die Augen.

Schon wenn du das nur einen Tag lang geschafft hast, ist das bereits ein Supererfolg und eine Belohnung in sich: You did it! Dieses Belohnungsgefühl steigert sich von Tag zu Tag, zusammen mit deiner Selbstsicherheit. Dazu kommen natürlich die positiven Effekte deines neu getesteten Verhaltens. Dass sämtliche Leute – crazy! – wirklich zurückgelächelt haben.

Oder dass du mit dem Nachbarn in ein nettes Gespräch gekommen bist. Dass dir die Mitarbeiterin an der Käsetheke den Käse für einen Sonderpreis überlassen hat. Diese kleinen Belohnungen kommen noch mal zu deinem Stolz hinzu, dich endlich getraut zu haben. Beide Typen von Belohnungen befördern dich in Richtung deines Ziels. Sie motivieren dich, denn du merkst: Hey, ich bin auf dem richtigen Weg! Und wenn du schließlich vier Wochen Lächel-Experiment hinter dich gebracht hast, fragst du dich, warum du eigentlich anfangs so einen Bammel davor hattest.

Wichtig ist aber, dass du es nicht bei diesem ersten Schritt belässt! Denn mit dem Anlächeln kannst du zwar ein Zwischenziel abhaken und bist deinem großen Ziel ein gutes Stück näher gekommen. Erreicht hast du es noch nicht. Der nächste Schritt für die folgenden 28 Tage könnte dann sein, nicht nur zu lächeln:

Ab heute lächele ich jeden Tag mindestens fünf Menschen an, die mir begegnen, und mache ihnen ein Kompliment.

Ich gebe zu, aus Sicht eines schüchternen Menschen ist das ein krasser Step! Ein zu krasser, wenn du direkt mit so einer Übung anfangen würdest. Aber wenn du schon mit dem Anlächeln Erfolg hattest, wird das Ganze gleich viel leichter.

Nach diesem Plan lässt du Schritt für Schritt dein schüchternes Ich hinter dir und entwickelst dich zu dem offeneren Menschen, der du sein möchtest. Bald wird das Anlächeln und Ansprechen deiner Mitmenschen zu einer Routine, über die du gar nicht mehr nachzudenken brauchst.

Mit dem 28-Tage-Ritual kannst du alles Mögliche ohne viel Aufwand erreichen. Zum Beispiel lassen sich so neue Ernährungsgewohnheiten ganz easy etablieren: Du kannst erst einmal 28 Tage unterschiedliche gesunde Frühstücke ausprobieren, danach fügst du ein gesundes Mittagessen hinzu, dann ein Dinner, und zum Schluss ersetzt du dein Kaffee-und-

Kuchen-Ritual am Nachmittag durch Kaffee und Obstsalat. Und bald hast du völlig vergessen, dass du vor ein paar Monaten noch Fast-Food-Freak warst.

Du kannst auch ein Bewegungsprogramm ganz langsam weiter steigern. Du kannst deinen Zigaretten- oder Alkoholkonsum peu à peu zurückfahren. Das 28-Tage-Ritual kannst du ebenso verwenden, um Dinge erledigt zu kriegen: Du kannst 28 Tage lang jeden Abend eine Stunde an einem Bild arbeiten, das du schon ewig malen willst. 28 Tage lang immer nach dem Essen zwanzig Minuten lang Quittungen sortieren, damit du deinen Steuerkram nicht immer auf den letzten Drücker unter Stress fertig machen musst. Das 28-Tage-Ritual eignet sich natürlich auch zum Test verschiedener Vorhaben. Wenn du etwa eine neue Sportart suchst, probierst du vier Wochen Taekwondo aus, dann vier Wochen Rudern und anschließend vier Wochen Fechten. Bis du weißt, was du willst. Dabei wirst du dann nicht nur fit, sondern hast auch noch jede Menge über dich selbst und deine Vorlieben herausgefunden.

Übung: Das Ein-Schritt-weiter-Ritual

Falls du keine neue Gewohnheit etablieren willst, sondern ein anderes Ziel verfolgst, ist das Ein-Schritt-weiter-Ritual sehr simpel und genauso effektiv. Dabei fragst du dich jeden, wirklich jeden Morgen direkt nach dem Aufwachen:

Welchen Schritt kann ich heute tun, der mich meinem Ziel näher bringt?

Schreibe die Antwort auf – und dann tust du diesen Schritt. Das muss nichts Großes sein, aber es muss dich deinem Ziel wenigstens ein kleines Stückchen näher bringen. Auch viele kleine Schritte führen irgendwann zum Ziel. Falls du morgens immer viel Hektik um dich herum hast, kannst du dieses Ritual auch auf den Abend zuvor verlagern und dich vor dem Einschlafen fragen:

Welchen Schritt werde ich morgen tun, der mich meinem Ziel näher bringt?

Schreibe auch hier die Antwort auf. Der Vorteil, dieses Ritual vor dem Einschlafen zu machen, ist, dass dein Unterbewusstsein, während du schläfst, schon Zeit hat, sich auf dein Vorhaben für den nächsten Tag einzustellen. Am Morgen reicht es dann, wenn du noch einen kurzen Blick auf das wirfst, was du aufgeschrieben hast – und dann legst du los.

Im nächsten Kapitel kommen wir zu einem weiteren Tool, mit dem du sehr gut schlechte Gewohnheiten in den Griff bekommst, dich aber auch für Hindernisse auf jedem anderen Weg rüstest.

Zusammenfassung der wichtigsten Punkte dieses Kapitels:

✖ Zu früh an die praktische Umsetzung zu denken, tötet deine Träume. Erfolgreiche Menschen setzen sich fast nur Fernziele, die sehr ehrgeizig sind und von denen sie in vielen Fällen zu Beginn nicht die leiseste Ahnung haben, wie sie sie erreichen sollen: Stretch Goals.

✖ Stretch Goals führen oft dazu, alte Routinen zu hinterfragen und neue, bessere Wege zu finden. Das wiederum führt dazu, dass selbst vermeintlich »unmögliche Ziele« plötzlich erreichbar werden.

✖ S.M.A.R.T. Goals sind die Bausteine der Stretch Goals: Bewältigbare Einzelziele, die dich auf dem Weg zum Stretch Goal voranbringen.

✖ Neue Gewohnheiten etablierst du am besten, indem du für eine zuvor festgelegte Zeit bewusst darauf achtest.

11 FÜR ALLE FÄLLE VORBEREITET – TRAINING FÜR DEN HÜRDENLAUF

»Krisen meistert man am besten,
indem man ihnen zuvorkommt.«
Whitman Rostow

Vielleicht hast du dich, wie ich selbst, intensiv mit positivem Denken auseinandergesetzt. Möglicherweise hast du auch Bestseller wie *The Secret* oder *Bestellungen beim Universum* gelesen, in denen es darum geht, wie du durch die Kraft deiner Gedanken deine Wirklichkeit erschaffen kannst. Dann hast du dir vermutlich gemerkt, dass du den Fokus immer auf das richten solltest, was du dir wünschst. Und du hast gelernt, unbedingt zu vermeiden, an das zu denken, was du nicht willst, weil du es damit möglicherweise unbewusst anziehst.

Zu Recht! Positiv zu denken und nicht ständig darüber zu grübeln, was schiefgehen könnte, ist der völlig richtige Ansatz. Fährst du zum Beispiel beim Mountainbiking einen steilen Hügel mit viel Sand und Geröll runter und denkst dabei ständig: »O Gott, hoffentlich rutsche ich nicht weg!«, ist die Wahrscheinlichkeit groß, dass du genau das tust. Deine Angst führt nämlich dazu, dass du dein Augenmerk ständig auf den Sand und das Geröll lenkst und unwillkürlich abbremst. Dadurch bekommen die Reifen mehr Kontakt mit dem rutschigen Untergrund und die geringere Geschwindigkeit macht dich instabiler. Und zack, liegst du da. Eine klassische »Selffulfilling Prophecy«, eine sich selbst erfüllende Prophezeiung.

Ähnliches gilt, wenn du beim Autofahren eine enge Stelle passieren musst, zum Beispiel an einer Baustelle. Hast du in so einer Situation Angst, die Leitplanke zu streifen, und guckst ständig dorthin, werden deine Hände am Lenkrad genau dahin steuern, wo du nicht hinwillst: zur Leitplanke. Deine Aufmerksamkeit folgt deinem Fokus. Die Wahrscheinlichkeit, dass du die Leitplanke streifst, steigt damit enorm.

Das Geheimnis ist in beiden Fällen, den Blick nach vorne zu richten, in Fahrtrichtung. Beim Mountainbiking hältst du dadurch viel besser die Balance und fliegst über Sand und Geröll hinweg, und beim Autofahren bleibst du in der Mitte der Spur, statt gefährlich weit nach links und rechts zu driften.

Das sind super Beispiele, die zeigen, wie wichtig und richtig es grundsätzlich ist, sich von dem leiten zu lassen, was man will. Denn dann steuert man automatisch auf sein Ziel zu.

VORBEREITUNG ZUR PROBLEMLÖSUNG IST NICHT DASSELBE WIE PESSIMISMUS

Das heißt aber nicht, dass du von vornherein die Möglichkeit ausklammern solltest, dass Hindernisse auftreten könnten. Leider tun das viele Bücher, die sich um das »Law of Attraction«, das »Gesetz der Anziehung«, drehen. Da wird dir nach dem Motto »Es kann nicht sein, was nicht sein darf« suggeriert, dass rein gar nichts passieren kann, wenn du dir nur immer schön brav allein das Gewünschte vorstellst. Und dann – auweia! – stößt du früher oder später doch auf ein Hindernis! Wie konnte das passieren? Das trifft dich dann logischerweise völlig unvorbereitet. In so einem Moment hast du erst mal keine Ahnung, was du tun sollst. Ganz besonders, wenn du zuvor noch nie in einer vergleichbaren Situation warst, weil du dich an etwas für dich völlig Neues gewagt hast. Dir fehlt ein Konzept. Noch schlimmer: Du gibst dir sogar die Schuld an deiner Situation! Du glaubst, dass du einfach nicht positiv genug gedacht und damit die Hürde auf deinem Weg selbst verursacht hast. Und ehe du dich's versiehst, verlierst du den Glauben daran, dass du es schaffen kannst – und wirfst das Handtuch.

Das wäre ganz, ganz schlecht.

Wenn das passiert, hast du das Konzept des positiven Denkens falsch verstanden. Denn dabei geht es nicht darum, so zu tun, als ob Probleme irgendwelche Einbildungen wären. Es geht aber darum, sie nicht aufzublasen und den Blick immer auf Lösungen zu richten. Ich versichere dir: Steine liegen auf absolut jedem Weg! Da kannst du noch so enthusiastisch sein und dir dein Ziel in bunten Farben ausmalen. Hindernisse ignorieren kannst du erst recht nicht, wenn es dein Ziel ist, ein bestehendes Problem aus der Welt zu schaffen. Zum Beispiel eine miese Gewohnheit wie das Rauchen, die langfristig deine Gesundheit und deine Finanzen ruiniert. Oder finanzielle Gewohnheiten, die zu einem Berg Schulden geführt haben.

Positiv zu denken besteht in diesen Fällen darin, das Problem – in diesem Fall dein Standort – ganz genau anzuschauen und dann zu gucken, wie du es am besten aus dem Weg räumst, drüber wegkletterst oder es so umschiffst, dass es dich nicht behindert. Das Beste: Darauf kannst du dich vorbereiten! Ich habe dazu ein Problemlösungs-Tool namens WOOP entdeckt, das dir garantiert auch helfen wird. Dass es funktioniert, ist wissenschaftlich bewiesen.

Auch WOOP ist ein Akronym wie S.M.A.R.T., das heißt, seine Anfangsbuchstaben stehen für einzelne Schritte. In diesem Fall:

W – *Wish* (Wunsch)
O – *Outcome* (Ergebnis)
O – *Obstacle* (Hindernis)
P – *Plan* (Plan)

An die ersten beiden Punkte, W und O, kannst du bereits ein Häkchen machen. Du weißt, was du willst – du kennst deinen Wunsch –, und hast auch schon festgelegt, was am Ende herauskommen soll, indem du den Wunsch in ein Ziel umgewandelt hast. Bleiben noch die beiden letzten Punkte: das Hindernis – und der Plan, dieses zu überwinden.

BYE, BYE, SCHLECHTE GEWOHNHEIT!

Nehmen wir beispielsweise lästige Gewohnheiten, die du loswerden willst. Du hast dir vorgenommen, mit dem Rauchen aufzuhören. Willst weniger oder gar keinen Alkohol mehr trinken. Du möchtest aufhören, an den Nägeln zu kauen. Oder du willst deine Aufschieberitis endlich in den Griff bekommen, die dich von der Arbeit abhält, weil du Stunden in sozialen Medien verbringst. Hier sind die Hindernisse also bereits aufgebaut. Anders gesagt: Die lästigen Gewohnheiten sind die Steine auf deinem Weg.

Glücklicherweise sind solche »schlechten« Angewohnheiten psychologisch gründlich erforscht worden, und das überraschende Ergebnis ist: Jede dieser Angewohnheiten hilft dir, mit einer bestimmten Situation besser zurechtzukommen. Sie bringt dir also etwas. Raucher bekommen durchs Rauchen nicht nur Nikotin (solche Substanzen sehen viele Forscher inzwischen eher als Nebensache bei Süchten an), sondern der Raucher kriegt noch was dazu. Sozialen Kontakt zu anderen Rauchern zum Beispiel. Er kann sich bei Unsicherheit an etwas festhalten, hat Extrapausen, Tapetenwechsel und so weiter. Wer Alkohol trinkt, verbindet damit meistens Entspannung und das Gefühl, sich etwas zu gönnen. Wer an den Nägeln kaut, kanalisiert damit Nervosität und wird ruhiger und konzentrierter. Selbst mit dem Aufschieben erhältst du Benefits: Du kommst bei irgendeinem Problem nicht weiter, das ist unangenehm – also guckst du mal schnell bei Facebook rein. Die »Belohnung«: eine Pause und Entlastung.

Willst du solche Gewohnheiten loswerden, musst du erst herausfinden, worin für dich persönlich diese Benefits bestehen. Und dann musst du dir überlegen, wodurch du sie ersetzen kannst: Handlungen, die dir die gleichen Vorteile verschaffen, aber ohne die Nachteile. Stellst du zum Beispiel fest, dass du immer rauchst, wenn du gerade nicht weißt, was du tun sollst, hilft es dir vielleicht, einen Zauberwürfel dabeizuhaben, an dem du herumdrehen kannst. Wenn ein Glas Wein ein entspannendes Ritual nach der Arbeit ist, kannst du probieren, es durch ein Teeritual zu ersetzen. Statt an den Nägeln zu kauen, bringt es dir vielleicht Entlastung, auf einem Blatt Papier herumzukritzeln. Und wenn du weißt, dass du immer in den sozialen Medien landest, sobald du bei der Arbeit müde wirst oder nicht weiterkommst, kannst du bewusst fünf Minuten Pause machen. Die Schwierigkeit ist, diese Wenn-dann-Ersatzpläne zu Gewohnheiten zu machen, die die alte Routine ersetzen.

Und genau da hilft dir WOOP – aber auch bei vielen anderen Hindernissen, die auftauchen können, wenn du etwas Neues wagst. Die Methode wurde von der Psychologin Gabriele Oettingen und dem Motivationswissenschaftler

Peter M. Gollwitzer auf Basis ihrer jahrzehntelangen Forschung entwickelt. Seitdem haben etliche Studien belegt, dass das Konzept Erfolg wahrscheinlicher und dauerhafter macht als positives Denken allein.

Es stellt dir nämlich ein super Werkzeug zur Verfügung, mit dem du vorab festlegen kannst, wie du potenzielle Hürden überwindest. Total egal, ob es um schlechte Gewohnheiten geht oder um Probleme, auf die du bei anderen Vorhaben treffen kannst. Dabei lenkt es deinen Blick weg vom Problem und fokussiert dich auf dessen Lösung.

Und das geht so:

Übung: Die WOOP-Visualisierung

Wie bei allen Visualisierungen solltest du dich vorher bestmöglich entspannen – zum Beispiel mit der Klarer-Kopf-Atmung aus Kapitel sieben oder auch einer Entspannungs-App auf dem Smartphone – und dich an einen Ort zurückziehen, wo du für die Dauer der Übung deine Ruhe hast.

1. Du visualisierst wieder, wie du dein Ziel erreichst. Das heißt, du erlebst deine Vision. Mit geschlossenen oder offenen Augen, wie du es besser hinbekommst. Du stellst dir vor, wie großartig du dich fühlen wirst und wie deine Zukunft genau aussehen soll. So weit wie gehabt. (Das sind Schritt eins und zwei in einem: *Wish* und *Outcome*)

2. Du visualisierst mögliche auftretende Probleme. Hier nützt dir der Bedenkenkatalog der Skeptiker in deiner Umgebung, aber auch der Erfahrungsschatz von Menschen, die das, was du vorhast, schon getan haben, oder auch von Mitstreitern. Es ist eine gute Idee, dich im Vorfeld nach typischen Problemen auf dem Weg zum Ziel zu erkundigen – und möglichst auch schon nach erfolgversprechenden Lösungen. Wenn du etwa dein Café eröffnen möchtest, wäre eine typische Hürde, dass du keinen Kredit von der Bank bekommst. Willst du aufhören zu rauchen, gerätst du typischerweise immer nach dem Essen in Versuchung, dir eine Kippe anzustecken. (Schritt drei: *Obstacle*)

3. Du visualisierst, wie du diese Probleme löst, und schreibst sie im Wenn-dann-Format auf.
Im Café-Beispiel kannst du dir vorstellen: *Wenn ich keinen Kredit kriege, dann organisiere ich ein Crowd Funding.* Oder: *Wenn ich keinen Kredit kriege, dann suche ich mir Mitstreiter.* Oder: *Wenn ich keinen Kredit kriege, dann frage ich Onkel Erwin, ob er mir etwas leiht.* Oder: *Wenn ich keinen Kredit kriege, suche ich andere Investoren.*
Bei der Zigaretten-Versuchung sind mögliche Lösungen: *Wenn ich nach dem Mittagessen Lust auf eine Zigarette bekomme, mache ich einen Spaziergang.* Oder: *Wenn ich nach dem Mittagessen Lust auf eine Zigarette bekomme, lutsche ich ein Bonbon. Wenn ich nach dem Mittagessen Lust auf eine Zigarette bekomme, mache ich eine Atemübung aus dem Yoga.* **(Schritt 4: Plan)**

Wichtig! Auf keinen Fall geht es darum, ständig über potenzielle Probleme zu grübeln und sich in Gedanken hineinzusteigern, mit der Haltung »Auweia, was da alles schiefgehen kann!«. Dann ziehst du sie irgendwann tatsächlich an. Diese Übung ist genau für das Gegenteil da: die Probleme aus dem Kopf zu bekommen, weil du weißt, dass du für sie gerüstet bist, weil es immer Alternativen gibt. So machst du Energie frei, die dich mit Vollgas auf dein Ziel zusteuern lässt. Darum sollte deine grundsätzliche Haltung bei der Übung sein: »No matter what – ich löse es!«

Wenn du mit WOOP Hindernisse vorwegnimmst, nützt dir das auf vier verschiedenen Ebenen:

- *Erstens:* **Du wirst viel sicherer beim Verfolgen deines Fernziels.** Du weißt: *Für den Fall, dass Probleme auftauchen, bin ich vorbereitet.* Dadurch gewinnst du die Überzeugung: *Kein Hindernis ist so groß, dass ich es nicht überwinden könnte, jedes Problem lässt sich lösen.* Du lässt dich nicht verunsichern und Aufgeben ist auch bei größeren Hindernissen keine Option. Der Glaube an dich selbst wird gestärkt.
- *Zweitens:* **Du gewinnst eine sehr selbstsichere Ausstrahlung.** Das spürt – zum Beispiel im Kreditgespräch mit deiner Bank, aber auch bei sportlichen Wettkämpfen – dein Gegenüber unbewusst. Das Resultat ist, dass du mit sehr viel größerer Wahrscheinlichkeit erfolgreich bist. Bei Verhandlungen und Verkaufsgesprächen ebenso wie im Teamsport.
- *Drittens:* **Du programmierst dein Gehirn darauf, in Lösungen zu denken.** Dadurch schaffst du neuronale Schaltkreise, die dich im Falle des Auftretens eines Problems sofort auf die Lösungsspur setzen. Der wichtigste Punkt hier: Das funktioniert sogar dann, wenn du dieses spezifische Problem noch gar nicht vorausgedacht hast. Wenn du im Beispiel von vorhin den Café-Kredit nicht bekommst, weil dein Geschäftskonzept nicht überzeugt, fällt dir vielleicht die Lösung ein, noch einmal daran zu arbeiten, was dich von Konkurrenten abhebt – ohne dass das bereits in deinen Wenn-dann-Szenarien vorgekommen wäre.
- *Viertens:* **Bei typischen Problemen bist du optimal gerüstet.** Du musst nicht lange nachdenken, dein Unterbewusstsein hält den passenden Plan schon bereit. Das ist vor allem dann wichtig, wenn schnelles Handeln

erforderlich ist. Piloten, Rennfahrer, Polizisten, Feuerwehrleute und Stuntmen trainieren darum ständig den Umgang mit häufig auftretenden Problemen und bedrohlichen Situationen. So steht ihnen im Ernstfall ohne Verzögerung ein mentales Modell zur Verfügung, das ihnen selbst und anderen womöglich das Leben rettet. In den Beispielen von vorhin, dem Mountainbiking am Geröllhang und dem Autofahren an einer Baustelle vorbei, rüstet dich WOOP ebenfalls mit einem mentalen Modell aus, das dir hilft, wenn du in die jeweilige Situation gerätst: *Wenn ich in diese Situation komme, dann schaue ich geradeaus auf einen Punkt in der Ferne.* Aber auch wenn es »nur« darum geht, dass du dir das Rauchen abgewöhnen willst, brauchst du eine schnelle Lösung – sie muss nämlich schon vor dem Impuls da sein, zur Kippe zu greifen.

Je häufiger du auf diese Weise Problemlösungen visualisierst, umso selbstverständlicher wird der Prozess. Irgendwann brauchst du gar nicht mehr groß drüber nachzudenken, das lösungsorientierte Denken passiert ganz automatisch. Das gibt dir einen riesigen Boost, weil du lernst: *Alles ist lösbar und ich kriege alles hin!*

Ich mache es übrigens ganz genauso. In allen Lebensbereichen. Als ich abgenommen habe, hatte ich Strategien, wie ich mit den verführerischen Buffets auf Events umgehe und wie ich mich bei Lustlosigkeit vor dem Training doch noch motiviere. Und bevor ich heute in ein geschäftliches Meeting gehe, mache ich mir – nur ganz kurz – klar, dass ich immer noch Alternativen habe, falls der Deal nicht so zustande kommt, wie ich es mir vorstelle. Entweder, indem ich mit dem Verhandlungspartner einen guten Kompromiss für alle finde. Oder indem ich mir – notfalls – einen anderen Verhandlungspartner suche. Das wurde allerdings bisher nie akut, denn mit dieser Alternativ-Lösung im Hinterkopf gehe ich viel selbstsicherer und selbstbewusster ins Meeting.

Ein weiteres Beispiel sind meine Vorträge, die ich momentan häufig halte. Man glaubt es kaum, aber da habe ich vorher schon mal Lampenfieber. Dann stelle ich mir den Klassiker der Peinlichkeit vor: Wie ich über die Bühne laufe, stolpere und mich auf die Nase lege. Dann weiß ich schon im Voraus, dass ich auf dem Boden liegen bliebe und sagen würde: »Das hier, meine lieben Freunde, ist das, was uns tagtäglich im Leben passiert. Und wir müssen lernen, damit umzugehen. Wir können hinfallen, aber das macht nichts, denn es geht nicht darum, wie oft wir hinfallen, sondern ob wir in der Lage sind, immer wieder aufzustehen und die Krone zu richten.« Anschließend würde ich wieder aufstehen und hätte die Lacher auf meiner Seite. Sobald ich mir diese Szene ausgemalt habe, ist das Lampenfieber weg und ich bin wieder ganz entspannt im Hier und Jetzt. Das Ergebnis dieser Visualisierungen: In 99 Prozent der Fälle klappt alles ganz genau so, wie ich es mir als bestmöglich gewünscht habe.

Die in diesem und im vorigen Kapitel vorgestellten Tools für die Planung deines Weges sind supernützlich. Sie sind universal anwendbar, flexibel und passen sich den Gegebenheiten deines Lebens an. Damit erfüllen sie die wichtigsten Voraussetzungen, dich auf deinem Weg nicht zu sehr festzulegen. Es gibt allerdings unendlich viele Möglichkeiten, deinen Weg vorab zu strukturieren. Dass ich dir hier nicht noch mehr Planungstools vorstelle, hat unter anderem damit zu tun, dass ich dein spezielles Vorhaben nicht kenne. Es ist Quatsch, dir hier zum Beispiel einen Ernährungsplan oder einen Trainingsvorschlag fürs Halbmarathon-Training zu geben, wenn du die Rallye Paris–Dakar fahren, mit dem Einhandsegler über den Atlantik segeln, deinen Garten in eine Permakultur verwandeln, in einen Zirkuswagen ziehen oder eine Algenfarm aufbauen willst. Für die Informationen zu deinem spezifischen Thema findest du aber im Internet, in der Bücherei oder bei Experten, die sich damit auskennen, gute Quellen.

Darum genug geplant! Jetzt geht's ans Eingemachte!

Zusammenfassung der wichtigsten Punkte dieses Kapitels:

✖ Schlechte Gewohnheiten bringen dir Vorteile. Um sie loszuwerden, musst du diese Vorteile benennen und die Gewohnheit durch neue Handlungen ersetzen, die dir dieselben Vorteile bringen, aber ohne die Nachteile der alten Gewohnheit.

✖ Mit der WOOP-Methode automatisierst du einerseits neue Gewohnheiten und entschärfst andererseits potenzielle Hindernisse bereits im Vorfeld. Studien beweisen, dass eine positive Vision in Kombination mit WOOP Erfolg wahrscheinlicher und dauerhafter macht als positive Visionen allein.

STEP 3

DEIN COMMITMENT

12 SHOUT IT OUT LOUD: JA, ICH WILL (UND WERDE DIESES ZIEL ERREICHEN)

»Ein Mensch, der sich ernsthaft ein Ziel gesetzt hat,
wird es auch erreichen!«
Benjamin Disraeli

Triffst du eine bedeutsame Entscheidung, besiegelst du das normalerweise mit einer offiziellen Handlung. Kaufst oder mietest du eine Wohnung, bekräftigst du das durch einen Vertrag mit deiner Unterschrift. Bist du dir sicher, den Rest deines Lebens mit deinem Lieblingsmenschen verbringen zu wollen, geht ihr beide zum Standesamt und setzt eure Namen unter ein Dokument, mit dem ihr bestätigt, dass ihr von nun an als Eheleute zusammengehört, mit allen Rechten und Pflichten. Vielleicht tretet ihr sogar vor den Traualtar und versprecht euch in einem alten Ritual vor großem Publikum, zusammenzuhalten, bis dass der Tod euch scheidet. Fängst du in einem neuen Job an, unterschreibst du einen Arbeitsvertrag, der dich dazu verpflichtet, in Zukunft regelmäßig bestimmte Dinge zu tun.

Und so weiter.

Diese Maßnahmen setzen ein Zeichen. Sie signalisieren dir selbst und allen um dich herum, dass du es mit deiner Entscheidung ernst meinst. Du hast das Stadium des »Och, mal gucken, vielleicht klappt's ja, vielleicht auch nicht« hinter dir gelassen. Jetzt zählt es. Hältst du dich nicht an die Vereinbarung, hat das Konsequenzen. Wenn du nicht zahlst, bekommst du das Haus nicht. Willst du dich von deinem Ehepartner trennen, ist das mit jeder Menge Bürokratie, Kosten und viel Betroffenheit im Freundes- und Bekanntenkreis verbunden. Kommst du ohne triftigen Grund nicht zum Job, verlierst du deine Arbeit. Auch wenn du natürlich nicht ständig bewusst daran denkst, was von dir erwartet wird, tust du es. Du hast deinen Otto druntergesetzt und dich verpflichtet. Du hast aller Welt gezeigt: Du hast dich ganz bewusst für diese Sache entschieden! Also machst du das jetzt auch!

Und genau darum kommen auch wir jetzt zum offiziellen Teil: deinem Commitment. Das heißt deinem feierlichen Versprechen, dein Vorhaben auch wirklich durchzuziehen und den Weg zum Ziel mit allen möglichen Hürden auch wirklich bis zum Ende zu gehen. Und wie machst du das? Na logisch: Ebenfalls mit einem Vertrag, und zwar einem Vertrag mit dir selbst! Ich empfehle dir, die nächste Seite zu kopieren, damit du sie auch für kommende Vorhaben verwenden kannst. Noch besser: Du setzt den gesamten Vertrag handschriftlich auf – dadurch erhöht sich der Effekt, weil du dir beim Schreiben noch intensiver einprägst, zu was du dich verpflichtest. Das Aufschreiben wird sozusagen ein feierlicher Akt, der die Wichtigkeit der Angelegenheit verdeutlicht.

Bitte trage oben zunächst Datum und Ort ein und versieh den Vertrag in derselben Zeile mit deiner handschriftlichen Signatur (warum die Unterschrift oben steht, erkläre ich dir später). In die nächste Zeile – die erste Textzeile – schreibst du deinen ganzen Namen und ergänzt dann noch deine Vision. Zum Beispiel:

... versichere hiermit, dass ich meine Vision, ein Café zu eröffnen, wahr machen werde.

Oder:

... versichere hiermit, dass ich meine Vision, innerhalb von zehn Jahren 100.000 Euro auf dem Konto zu haben, wahr machen werde.

Oder: *... versichere hiermit, dass ich meine Vision, der beste Ehemann und Vater der Welt zu sein, wahr machen werde.*

(Ort, Datum)   (Unterschrift)

Ich, _____,
versichere hiermit, dass ich meine Vision

_____

_____

_____

wahr machen werde. Ich werde unbeirrt weitergehen, bis ich das zu einhundert Prozent geschafft habe. Hiermit verpflichte ich mich, alle Hindernisse auf dem Weg zu überwinden. Ich weiß, dass ich das kann, und ich werde alles in meiner Macht Stehende dafür tun.

Vielleicht kommt dir so einen Vertrag ein bisschen übertrieben vor. Das ist er aber absolut nicht, sondern ein weiteres Tool, das dir hilft, dein Ziel zu erreichen. Es gibt viele Untersuchungen zur Wirkung von Unterschriften. Alle belegen, dass sie unser Unterbewusstsein manipulieren. Die Psychologin Lisa Shu hat mit ihrem Team zum Beispiel herausgefunden, dass man sich dem Inhalt eines Vertrages moralisch mehr verpflichtet fühlt, wenn man ihn nicht unten, sondern oben unterschreibt. Jetzt weißt du auch, warum dein Vertrag diese etwas ungewöhnliche Form hat und deine Unterschrift genau genommen eine Überschrift ist.

IST DAS DEIN ERNST? DEIN GEFÜHL *NACH* DER UNTERSCHRIFT IST ENTSCHEIDEND!

Megaspannend finde ich auch die Erkenntnisse der Psychologen Keri L. Kettle und Gerald Häubl: Die haben in einem Experiment festgestellt, dass eine Unterschrift auch zutage fördert, ob wir wirklich hinter etwas stehen. Die Forscher hatten eine Gruppe Probanden gebeten, eine handschriftliche Unterschrift auf einem Blatt Papier zu leisten. Danach sollte ein Teil der Leute eine Kamera anschauen und bewerten, die anderen eine Spülmaschine. Wie viel Zeit sie sich dafür jeweils nahmen, war ihre Sache, allerdings wurde die aufgewendete Zeit gemessen. In einem separaten Fragebogen fanden die Wissenschaftler heraus, dass sich *alle* Teilnehmer des Experiments grundsätzlich deutlich mehr für Kameras interessierten als für Spülmaschinen. Nicht sehr überraschend – auch ich finde eine Kamera, mit der man tolle Sachen fotografieren kann, wesentlich spannender als eine Maschine, deren Job es ist, Teller sauber zu machen. Dir geht es wahrscheinlich ähnlich.

Überraschend war allerdings etwas anderes: Die Teilnehmer, die vorab unterschrieben hatten, nahmen sich sehr viel Zeit für das Testen und Bewerten der Kamera. Sollten sie sich nach der Unterschrift mit einer langweiligen Spülmaschine befassen, hakten sie das in kürzester Zeit ab. Doch Probanden, die vorher *nicht* unterschrieben hatten, widmeten sich Kamera oder Spülmaschine etwa gleich lange.

Die Schlussfolgerung der Psychologen: Wir fühlen uns durch eine Unterschrift nicht nur zu etwas verpflichtet, sondern auch an unsere Persönlichkeit, also an unsere Werte und Vorlieben, erinnert. Wenn du nach einer Unterschrift also etwas tust, hinter dem du nicht wirklich stehst (zum Beispiel eine Spülmaschine bewerten), rebellierst du unbewusst dagegen, indem du lustlos, schnell und möglichst ohne zu viel Einsatz deine »Pflicht« erledigst. Machst du dagegen etwas, was deinem Wesenskern grundsätzlich entspricht (zum Beispiel, dich mit einer tollen Kamera befassen), legst du dich so richtig ins Zeug.

Was bedeutet das für dich? Richtig: Deine Unterschrift auf deinem Vertrag mit dir selbst ist also auch noch einmal ein letzter Test, ob deine Vision auch wirklich eine ist, die dein Herz aufgehen lässt. Wenn du nach der Unterschrift so richtig Lust hast, volle Kanne loszulegen, ist alles im grünen Bereich. Fühlst du dich hingegen durch die Unterschrift gegängelt und verspürst einen Hang zur Rebellion? Dann solltest du noch mal zurück zum Ziele-TÜV (Kapitel fünf) und überprüfen, ob du dein Ziel wirklich aus freien Stücken verfolgen willst. Falls es um ein Ziel geht, das du aus guten Gründen besser verfolgen solltest, weil sein Erreichen deine Gesundheit, deine existenziellen Finanzen oder sonstige Basisvoraussetzungen sicherstellt (Kapitel drei), lohnt es sich, dich noch einmal mit deiner Motivation (Kapitel sechs) zu befassen: Hast du es hinbekommen, sie von einer aversiven in eine appetitive umzuwandeln? Wenn nicht, überlege dir noch einmal, welche positiven Aspekte es mit sich bringen wird, wenn du dein Ziel erreicht hast!

Gehen wir aber mal davon aus, dass die Unterschrift dich nur noch bestärkt hat: Ja, ich will das tatsächlich tun! *Let's do it!* Dann kannst du sogar noch mehr tun, damit du auf dem Weg bei der Stange bleibst.

ALLE HINTERTÜRCHEN ZU: MACH DEIN ZIEL ÖFFENTLICH

Damit meine ich jetzt nicht unbedingt, dass du eine ganz-seitige Anzeige in der örtlichen Tageszeitung schalten sollst. Andererseits: Warum nicht? Zumindest, wenn die Menschen, die dir in deinem Leben wichtig sind, diese Zeitung lesen, wäre das eine ziemlich gute Idee. Denn: Je mehr Leute von deinem Vorhaben wissen, umso mehr Unterstützung bekommst du auch. Außerdem machst du es dir selbst schwerer, heimlich, still und leise wieder aus der Sache auszusteigen. Nachdem ich mich öffentlich zu meinen Schulden bekannt hatte, hatte auch ich keine Chance mehr, mich aus der Verantwortung zu drücken. Es gab nur noch eine Richtung, wenn ich nicht vollends im Sumpf landen wollte: vorwärts und nach oben.

Das Gleiche galt, als ich mich entschieden hatte, meinen Zeitschriftencover-Körper zu formen: Nach dem Call mit der *Fit for Fun*-Redaktion gab es kein Zurück mehr. Jetzt musste ich aktiv werden. Ein Super-Ansporn!

Klar, es ist möglich, dass dir auch hier und da Gegenwind entgegenpfeift. Zweifler und Schwarzseher gibt es immer. Aus Neid oder aus mangelnder Fantasie. Das macht aber nichts! Dann wirst du motiviert, es den Unkenrufern zu zeigen. Du gehst dann erst recht *all in* – und das ist die beste Methode, dein Vorhaben auch zu erreichen.

Ein paar Ideen, wie du Aufmerksamkeit auf dein Vorhaben lenkst:

- **Poste auf deinen Social-Media-Profilen, was du vorhast.** Erzähle auch davon, wie du dich am Ziel siehst und worauf du dich freust, wenn du es erreicht hast. (Sorgst du dich, dass das Mobber auf den Plan rufen könnte? Dann wähle die Posting-Einstellung so, dass nur deine engen

Freunde den Eintrag lesen können). Wenn es zu deinem Vorhaben passt – weil du zum Beispiel ein sportliches Ziel hast oder ein Gemeinschaftsprojekt ins Leben rufen willst –, kannst du auch über die verschiedenen digitalen Kanäle fragen, ob jemand Lust hat, mitzumachen. Ein super Weg, um Mitstreiter und Unterstützer für dein Vorhaben zu finden. Geht es um Gemeinschaftsprojekte oder ein Business, kannst du auf diese Weise sogar Sponsoren oder Investoren finden. Wie wichtig so ein »Peer Team« ist, darauf werde ich noch zu sprechen kommen.

- **Schließe eine Wette mit deinem besten Freund ab**, dass du es schaffst, ein Etappenziel innerhalb einer bestimmten Zeitspanne zu erreichen. Schaffst du es nicht, musst du etwas tun, das dich deinem Fernziel wiederum näher bringt. Willst du zum Beispiel abnehmen, wäre so eine »Strafe« vielleicht, dass ihr zusammen einen Ausflug im Ruderboot über einen See unternehmt – und du ruderst.
- **Schreibe Nachrichten an alle deine Freunde** und an deine Familie und berichte enthusiastisch von deinen Plänen (notorische Nörgler darfst du im Verteiler allerdings gerne aussparen).
- **Sprich mit Freunden und Familie darüber, was du vorhast.** Vielleicht ist Schreiben nicht so deine Sache. Dann kannst du auch ganz einfach allen und jedem von deinen Plänen erzählen. Deine Lieben werden sicher wissen wollen, was du für Fortschritte machst.
- **Rufe einen Blog ins Leben**, der deine Fortschritte auf dem Weg zum Ziel, zum Beispiel ein Mal wöchentlich, dokumentiert. Falls du nicht gerne schreibst, funktioniert natürlich auch ein Vlog, also ein Videoblog. Wer weiß, vielleicht wirst du ja sogar der nächste große YouTube-Star?
- **Nutze Instagram als Dokumentationstool** – zeige dort, welche genauen Schritte du an jedem Tag unternimmst,

um dein Vorhaben in die Tat umzusetzen und dein Ziel zu erreichen.

- **Schließe einen »richtigen« Vertrag ab,** wenn das im Zusammenhang mit deinem Ziel möglich ist: Buche einen Kurs, einen Personal Trainer oder einen (guten) Coach, oder werde Mitglied in einem Studio. Wenn du ein finanzielles Opfer bringst, wirst du dich stärker verpflichtet fühlen, die Ausgabe auch zu rechtfertigen. Ich habe zum Beispiel einen Personal Trainer – und das, obwohl ich selber einer bin. So ist der Schweinehund noch einmal ein bisschen besser zu besiegen, weil es eine Verhaltenskrücke gibt, die dich unterstützt.

MEINE PERSÖNLICHEN OMG-MOMENTE ODER: WIE COMMITMENT ZUM ZIEL FÜHRT

Welchen Unterschied es macht, ob man sich auf ein Ziel committet oder nicht, möchte ich dir an einem persönlichen Beispiel verdeutlichen: Vor knapp zehn Jahren war ich zum ersten Mal bei *Schlag den Star* dabei. Dabei traten anfangs immer ein Nicht-Prominenter und ein Promi in Wettkämpfen und Spielen gegeneinander an, später waren es jedes Mal zwei Promis. Ich muss zugeben, ich habe das damals nicht richtig ernst genommen. Ich dachte, ich wuppe die Sache ganz nebenbei. Im Klartext heißt das: Ich habe mich nicht wirklich committet. Du kannst dir vielleicht schon denken, was passiert ist, oder? Richtig! Ich bin an meinem Gegner, einem 30-jährigen Sportstudenten, kläglich gescheitert. Ich habe ihm den verdienten Sieg von Herzen gegönnt – aber etwas weniger peinlich für mich hätte es schon laufen dürfen. Doch aus meinem Fehler habe ich gelernt. Als ich 2017 noch mal die Chance bekommen habe, in der Sendung dabei zu sein, bin ich vollkommen anders an das Ganze rangegangen. Ich war von Anfang an zu hundert Prozent *all in*. Ich hatte einen klaren Plan und habe mich dreißig Tage mit meinem Personal Trainer vorbereitet. Für einen Tag habe ich sogar einen Mental Coach engagiert, der normalerweise die deutsche Handball-Nationalmannschaft betreut. Der hat mich so richtig aufs Gewinnen fokussiert. Und siehe da: Mein Commitment hat sich ausgezahlt, diesmal habe ich gegen den früheren Fußballprofi Thorsten Legat gewonnen!

Ein noch aktuelleres Beispiel war eine ganz besondere Herausforderung: Mit inzwischen 49 habe ich zugesagt, für *Gottschalks große 8oer Show* ein 8oer-Jahre-Tanzmedley zu choreografieren und es dann mit 25 Tänzern, die zum Teil nicht mal halb so alt waren wie ich, zu performen – mit mir an der Spitze. Wenn du nicht professionell tanzt, klingt das vielleicht in deinen Ohren nach nichts Besonderem. Aber ich kann dir versichern: Schon fünf Minuten energiegeladenes, koordiniertes Tanzen sind eine Riesenanstrengung und erfordern jede Menge Vorbereitung. Und natürlich muss da bei jedem Tänzer alles aus dem Effeff sitzen – sich vor Deutschlands vielleicht größtem Entertainer und einem Millionenpublikum zu blamieren ist ein No-Go. Die besondere Schwierigkeit waren aber die Rahmenbedingungen: Wir konnten erst vierzehn Tage vor der Aufzeichnung der Show anfangen zu proben. Der erste Probentag war ein Desaster, es klappte erst mal nichts. Danach war ich völlig fertig und dachte nur noch: »OMG, Detlef! Das funktioniert nie! Das kriegst du nie so hin, dass es nicht peinlich wird! Wie soll das gehen?« Nicht besonders konstruktiv. Doch bevor ich komplett in der Negativität versinken konnte, habe ich mich daran erinnert, dass ich hier eine Leistung zugesagt hatte. Schließlich hatte ich versichert: »Klar, auf mich könnt ihr zählen, ich mache das.« Es gab also Leute, die sich drauf verließen, dass ich dieses Tanzmedley mit dem Team im gesteckten Zeitrahmen auf die Beine stelle – und zwar nicht nur irgendwie, sondern richtig gut. Sollte ich die etwa hängen lassen? *No way!* Also habe ich mich zusammengerissen und mir gesagt: »Ich habe mich hier committet! Also mache ich jetzt auch das Beste draus! Kneifen gilt nicht!« Danach war für pessimistische Gedanken kein Platz mehr. Stattdessen habe ich mir mit dem Team täglich Etappenziele gesetzt – mit anderen Worten: S.M.A.R.T-Goals, die du aus Kapitel zehn kennst. Wir haben geprobt, uns Schritt für Schritt dem Ziel genähert und haben dabei unser Bestes gegeben. Und am Ende wurde unser Auftritt nicht nur kein bisschen peinlich. Er wurde eines der Highlights der ganzen Show! Meine Kinder, die selbst tanzen, waren stolz auf mich – und das will was heißen ...

Zusammenfassung der wichtigsten Punkte dieses Kapitels:

✖ Ein Vertrag verpflichtet dich zu deinem Ziel, auch wenn du ihn mit dir selbst schließt.

✖ Deine Unterschrift programmiert dein Unterbewusstsein und testet es gleichzeitig: Wenn du wirklich hinter deinem Vorhaben stehst, gibt sie dir einen Turbo-Boost und du verfolgst dein Ziel mit noch mehr Energie und Enthusiasmus.

✖ Falls deine Selbstverpflichtung Widerwillen bei dir hervorruft, ist das ein Zeichen, das du ernst nehmen solltest: Entweder passt dein Ziel doch nicht zu dir, oder du musst noch eine bessere (appetitive) Motivation finden, die dich ins Handeln bringt.

STEP 4
DEIN WEG

13 DEIN GLAUBE AN DICH – YES, YOU CAN!

> *»Wir sind, was wir denken. Alles, was wir sind,*
> *entsteht aus unseren Gedanken.*
> *Mit unseren Gedanken formen wir die Welt.«*
> Buddha

Herzlichen Glückwunsch zum Vertragsabschluss! Du hast nun einen ganz wichtigen Schritt getan. Du hast eine bloße Idee, einen Traum, zu einem Versprechen gemacht. Dem Versprechen, daraus etwas Reales zu schaffen.

Vielleicht zweifelst du nun aber trotzdem noch heimlich, ob du dieses Versprechen dir selbst gegenüber auch einhalten kannst. Vielleicht sind deine Voraussetzungen nicht so rosig wie die anderer Leute und du startest unter erschwerten Bedingungen. Aber ob du deine Ziele wirklich erreichen kannst, ist nicht davon abhängig, ob irgendjemand »da oben« – eine diffuse höhere Macht, dein Chef oder von mir aus auch der König der Welt – sein Zepter nach oben oder unten hält. Erfolg hat auch nichts damit zu tun, ob du günstige Bedingungen mitbringst. Ob Mami und Papi dich unterstützen. Ob du aus einer reichen Familie kommst. Ob du »gute Gene« hast. Es hat auch überhaupt nichts mit Glück zu tun. Falls du so etwas – vielleicht auch nur ganz heimlich – immer noch annimmst, möchte ich dich jetzt etwas fragen:

Was meinst du, wie viele Chancen im Leben hat ein Kind, das schon mit vier Jahren alleine von der Kita nach Hause gehen muss, weil seine Mutter psychisch krank und mit der Erziehung überfordert ist? Ein Kind, das diese Mutter wiederholt scheinbar leblos nach Selbstmordversuchen auffindet? Ein Kind, dessen Vater sich abgesetzt hat und die Vaterschaft abstreitet? Ein Kind, das bald ganz allein dasteht und mit acht Jahren ins Kinderheim kommt? Das später bei Pflegeeltern aufwächst? Ein Mensch, der als junger Erwachsener in heruntergekommenen Buden haust, ohne Führerschein Auto fährt und sogar einmal ins Gefängnis kommt und zwischen Schwerverbrechern auf einer Zelle sitzt? Denkst du, dieser Mensch hat gute Startvoraussetzungen, um es im Leben zu etwas zu bringen? Vermutlich nicht, oder? Dann verrate ich dir ein Geheimnis: Das Kind, das bin ich. Oder besser gesagt: Das *war* ich. Obwohl ich die ungünstigsten Voraussetzungen mitgebracht habe und mein Start ins Leben alles andere als berauschend war, ist etwas aus mir geworden. Und nicht nur zufällig irgendwas. Sondern genau das, was ich wollte. Ich bin erfolgreicher Choreograf und Tänzer und habe schon mehr als 200 Bands gecoacht. Ich bin einer der erfolgreichsten Juroren in Castingshows in Deutschland. Ich habe Zehnkämpfe gemacht und bin Halbmarathons gelaufen. Ich habe ein Millionenbusiness mit Fitness-Produkten aufgebaut.

DER WICHTIGSTE MOMENT MEINES LEBENS

Dabei bin ich nicht irgendein Supermann mit geheimen Superkräften. Ich bin ein ganz normaler Mensch, genau wie du. Das, was mich – inzwischen – von Leuten, die weniger Erfolg haben, unterscheidet, ist lediglich mein Mindset: Ich bin ein Mensch, der gelernt hat, wie er seine Vorstellungskraft einsetzen kann, um Träume Realität werden zu lassen. Ein Mensch, der gelernt hat, sich Ziele zu setzen und konsequent zu verfolgen. Der gelernt hat, dranzubleiben. Der gelernt hat, Rückschläge nicht als Niederlage anzusehen, sondern als Chance, es besser zu machen, und immer wieder aufzustehen, wenn er hingefallen ist. Und der trotz beschissenster Voraussetzungen gelernt hat, an sich zu glauben.

Dazu musste ich aber erst einmal die Überzeugung gewinnen, dass ich kein Loser bin. Ich komme aus Ostberlin. Nach der Wende hatte ich, wie viele andere Menschen aus der ehemaligen DDR, überhaupt keinen Plan, wie man in dieser neuen Welt namens BRD zurechtkommt. Von einem Tag auf den anderen war alles anders. In Westberlin war alles bunt, alles glitzerte, hinter unzähligen Schaufenstern lagen verführerische Sachen. Aber um da dranzukommen und an dieser Glitzerwelt teilnehmen zu können, brauchte man Geld, sonst drückte man sich an den Scheiben nur die Nase platt und blieb ewiger Zaungast. Also versuchte ich auf allen möglichen Wegen Geld zu verdienen. Als Koch auf dem Ku'damm. Als Finanzberater. Mit Kettenbriefen. Mit Brötchenschmieren. Auch mit krummen Touren wie Zigarettenschmuggel. Manches lief mittelprächtig, anderes gar nicht. Aber weil ich natürlich mein Kuchenstück vom schönen, neuen bunten Leben haben wollte, rann mir alles Geld durch die Finger und war schneller weg, als es wieder reinkam. Die Schulden wuchsen.

Als ich dann an meinem persönlichen Tiefpunkt angelangt war, von dem ich dir schon erzählt habe, dem Morgen, als mich die Polizei wegen meiner Schulden einkassierte, hätte ich leicht den letzten Rest Glauben daran verlieren können, dass ich irgendwas auf die Beine stellen kann. Ich hätte mir sagen können: »Siehste, Detlef, du kannst nix, du bist nix und du wirst es nie zu etwas bringen. Du bist

ein Loser, das ist der Beweis! 65.000 Mark Schulden, die ab-
zutragen, das schaffst du nie, da knabberst du mit 80 noch
dran, da kannste es auch gleich bleiben lassen ...« Ich wage
mal zu behaupten: Viele Leute in einer vergleichbaren Situation denken genau so. Und werden dann allein durch diese
negativen Gedanken in eine Abwärtsspirale gesogen und
sinken weiter. Und weiter. Doch für mich war in diesem
Moment ein Punkt erreicht, an dem ich dachte: Stopp! Ich
habe insgeheim gewusst: Wenn du so denkst, dann gilt ab
jetzt der freie Fall. Das wollte ich nicht. Mit Anfang zwanzig schon aufgeben? Nee! Und dann habe ich eine Entscheidung getroffen. Die Entscheidung, fest daran zu glauben,
dass ich es schaffen kann. Die beste Entscheidung meines
Lebens.

DER GLAUBE AN DICH SELBST IST EINE ENTSCHEIDUNG

Die Basis meines Glaubens an mich war also ganz simpel
die Entscheidung, an mich zu glauben. Lass diesen Satz
bitte einmal kurz sacken. Verstehst du, was ich dir hier
sage? Du musst noch nicht auf grandiose Erfolge zurückblicken. Niemand muss dir jemals erzählt haben, was für
ein toller Hecht du bist. Das Einzige, was du tun musst, ist,
dir zu sagen:

Ich entscheide mich jetzt, an mich zu glauben.
Ich entscheide mich, zu glauben, dass ich ein Gewinner bin.
Ich entscheide mich, zu glauben, dass ich mein Ziel erreiche.
Ich entscheide mich, ab sofort nur noch Gedanken zu denken,
die diesen Glauben unterstützen.
Ich entscheide mich, den vollständigen Weg zum Ziel zu ge-
hen.

Lies diese Sätze ein paarmal ganz bewusst. Am besten laut. Fühle nach, was du sagst. Ich hatte dir in Kapitel zwei schon erklärt, warum Entscheidungen so eine Power haben. Zusammen mit den richtigen Gedanken sind sie unschlagbar. Denn deine Gedanken gestalten nicht nur die Welt um dich herum. Sie bauen zunächst einmal dich, den Baumeister deines Lebens. Wenn du ständig denkst »Ich kann nichts«, »Ich schaff nichts«, »Ich bin nichts«, brauchst du dich nicht zu wundern, wenn dein Leben so aussieht, als würde das stimmen. Nicht, weil du tatsächlich nichts kannst. Sondern weil du mit so einer Einstellung aller Wahrscheinlichkeit nach nichts in Angriff nehmen wirst, was dich vom Gegenteil überzeugen könnte. Dann bist du im übertragenen Sinne blind für deine eigenen Möglichkeiten. Und darum probierst du es erst gar nicht. Um es mit dem Titel dieses Buches zu sagen: Du scheißt nicht drauf und machst einfach – sondern du legst die Hände in den Schoß. Und wenn du es doch probierst, gehst du nicht *all in*, sondern fängst nur halbherzig an. Da ist es vorprogammiert, dass du den Weg zum Ziel unterwegs wieder verlässt: Lange bevor du den ersten Etappensieg feiern kannst, ist das bisschen mitgebrachte Energie längst aufgebraucht.

Darum mach es wie ich. Sag: *Stopp!* Denk dich ab sofort groß! Vertraue mir, du kannst tatsächlich erreichen, was du willst – du musst nur an dich glauben! Denke und rede darum ab sofort nur positiv von und mit dir selbst. Immer. Das hat nichts mit Eitelkeit oder Selbstüberschätzung zu tun. Erinnere dich: Das, was du immer wieder denkst und sagst, hat die Tendenz, wahr zu werden! Das ist das Prinzip der Autosuggestion. Dass es funktioniert, ist kein Hokuspokus, sondern ein belegtes psychologisches Faktum. Entscheide dich also sofort, keine Gedanken daran zu verschwenden, was du nicht haben oder sein möchtest. Hör auf, Gedanken daran zu verschwenden, was du alles vermeintlich nicht

kannst. Das »Gedanken verschwenden« darfst du wortwört-
lich nehmen, denn es ist wirklich eine Energieverschwen-
dung, wenn du Dinge denkst wie »Ich bin eben dick/un-
geschickt/langsam/vom Pech verfolgt/eine arme Wurst...«
Stattdessen merke dir bitte: *Denke und sage immer, was du
haben und wie du sein willst!*

WAS DU AUCH ERWARTEST, DU WIRST IMMER RECHT BEHALTEN

Der berühmte Automobilpionier Henry Ford hat einmal gesagt: »Ob du denkst, du kannst es, oder, du kannst es nicht,
du wirst auf jeden Fall recht behalten.« Und so ist es! Fest
daran zu glauben, dass *du* etwas bewirken kannst, ist die
wichtigste Voraussetzung, um deine Vision wahr zu machen. Nur mit einem solchen Glauben kannst du deine Ziele
erreichen. Und letztlich kannst du auch nur so Erfolg haben.

Sobald du aber überzeugt bist, dass du es kannst, bringst
du die notwendige Motivation mit, um den gesamten Weg
zum Ziel zu gehen. Also erreichst du es auch. So sicher wie
zwei plus zwei vier ergibt.

Falls du an dir zweifelst, wird es jetzt höchste Zeit, dass
du das unumstößliche Vertrauen zurückerlangst, mit dem
jedes Baby auf die Welt kommt. Das Selbstvertrauen, das jedes Kind hat, wenn es laufen, sprechen, malen und klettern
lernt und nicht aufgibt, bis es all das und noch viel mehr
kann. Das Selbstvertrauen, das jeder Mensch hat, bevor ihm
die Eltern, die Onkel und Tanten, die Lehrer und all die anderen »Wohlmeinenden« erklären, wo der Hase angeblich
langläuft. Führe dir doch einmal vor Augen, was für eine
Unmenge von Dingen Babys und kleine Kinder in ihren ers-

ten Lebensjahren lernen. Und zwar von null auf hundert. Das wäre niemals möglich, wenn sie nicht den festen Glauben daran hätten, dass sie das können. Sie glauben dran, weil alle anderen Menschen um sie herum es ja auch können. Oder weil irgendjemand es kann. Oder weil sie es ganz einfach können wollen. Und weil sie dran glauben, dass es möglich ist, geben sie nicht auf. Sie machen einfach immer weiter und haben auch noch jede Menge Spaß dabei. Und irgendwann erreichen sie ihr Ziel. Dann können sie laufen, fließend sprechen, Katzen malen, auf Bäume klettern, Roller fahren, Purzelbäume schlagen, Puzzle zusammensetzen oder Seil hüpfen.

Und genau wie ein kleines Kind erreicht man auch später jedes Ziel: Indem man es ganz einfach unbeirrt verfolgt. Weil man daran glaubt, dass es geht. Die Fähigkeit, so uneingeschränkt an dich und deine Potenziale zu glauben, wie du es als Kind getan hast, steckt noch immer in dir. Kitzeln wir sie hervor!

Übung: Die große Lobhudelei

Hole dir einen Zettel und einen Stift. Und jetzt beantworte bitte schriftlich die folgenden Fragen:

Was hast du im Laufe deines Lebens alles schon gelernt?
Was kannst du richtig gut?
Auf was bist du stolz?
Bei welchen Gelegenheiten hast du dich etwas getraut?
Was hast du schon alles geschafft?
Was hast du von A bis Z durchgezogen?
Auf welche Erfolge – große, mittlere und auch ganz kleine – kannst du zurückblicken?

Denke hier an sämtliche Lebensbereiche. Alles gilt: ob du Tennis gelernt hast oder Spanisch, Töpfern, Tanzen, Aquarellmalen, Brotbacken, Autofahren oder ein Baumhaus zu bauen. Ob du stolz darauf bist, gut zuhören zu können, schon mal vom Zehner gesprungen zu sein, mit Hunden gut umgehen zu können, dem Blödmann aus der Parallelklasse damals mit neun endlich Paroli geboten zu haben oder die Statistik der meisten verwandelten Elfmeter in deiner Fußballmannschaft anzuführen. Ob du einen grünen Daumen hast, die besten Maultaschen des Universums kochst oder deinen Realschulabschluss gemacht hast. Es ist völlig egal, was du erreicht hast und wie lange das her ist. Es ist auch egal, ob das, was du gelernt oder geschafft hast, dir oder anderen heute noch irgendeinen »Nutzen« bringt oder ob andere deine Erfolge als solche ansehen würden.

Fällt dir erst mal nichts oder nur ganz wenig ein? Dann frage dich: Was würden Leute, die dich mögen und die viel über dich wissen, auf diese Fragen (in Bezug auf dich) antworten? Dein bester Freund oder deine beste Freundin? Deine Eltern? Deine aktuellen oder früheren Lieblingslehrer? Deine Lieblingstante? Deine Sportkumpels? Dein Trainer? Deine Geschwister? Dein Partner?

Nun sieht die Sache vermutlich schon ganz anders aus, oder?

Falls du dir nicht vorstellen kannst, was all diese Leute Gutes über dich zu sagen haben, dann greife zum Telefon und rufe sie an. Jetzt. Frage sie persönlich: Worin bin ich gut? Was habe ich im Leben gut gemacht? Wo liegen meine Stärken? Wenn dir das komisch vorkommt, sag ihnen, das ist für eine Übung in einem Buch, das du gerade liest. Nörgeln und Herumkritteln sind dabei absolut verboten. Sie sollen kein Blatt vor den Mund nehmen. Jeden einzelnen Punkt nennen, der ihnen einfällt, ob lange zurückliegend oder ganz aktuell. Du schreibst dabei alle Antworten auf.

Lies dir anschließend alle Punkte genau durch. Gehe dabei in deiner Erinnerung zurück. Denke daran, wie du angefangen hast, die Dinge zu lernen, die du notiert hast. Wie ungeschickt du in der ersten Tanzstunde warst. Wie oft du den Aufschlag beim Tennis geübt hast, bevor er saß. Wie du in den ersten Fahrstunden ständig den Wagen abgewürgt hast und beim Einparken dauernd die Bordsteinkante gerammt hast. Wie du manchmal geflucht hast: »Scheiße, das lerne ich nie!« Wie du trotzdem dabeigeblieben bist. Und wie du schließlich, trotz Rückschlägen und Durchhängern, eine neue Fähigkeit erworben hast.

Denke dran, was du schon alles durchgezogen hast. Wie du bei einer Diät mit eiserner Disziplin tatsächlich bis zuletzt dabeigeblieben bist. Wie du deinen Schulabschluss gemacht hast. Deine Ausbildung. Prüfungen.

Erinnere dich an Szenen und Erlebnisse aus deinem Leben, die beweisen: Was da steht, das stimmt! All das kann ich! All das habe ich geschafft! Meditiere darüber, was du für eine tolle Frau oder ein toller Mann bist. Achte darauf, was diese kleine Lobhudelei mit dir macht. Wie wirkt sie sich auf deine Stimmung aus? Und auf dein Selbstvertrauen? Dein Selbstbewusstsein? Mit ziemlicher Sicherheit steigen alle drei. Vielleicht erst mal nur ein kleines bisschen, aber darauf lässt sich aufbauen. Was du über dich selbst denkst, ist nämlich von großer Wichtigkeit für das Gelingen aller deiner Vorhaben.

Und bevor du jetzt auf die Idee kommst, die Liste negativ zu lesen und zu bedauern, was alles nicht draufsteht: Stopp! Nur weil eine Fähigkeit in deiner Lobhudelei (noch) nicht auftaucht, heißt das noch lange nicht, dass du nicht in der Lage wärst, sie dir anzueignen! Das Gleiche gilt für Erfolge: Nur weil ein Erfolg (noch) nicht auf deiner Liste auftaucht – einfach weil du etwas noch nie in Angriff genommen oder bisher immer vorzeitig aufgegeben hast –, heißt das nicht, dass das nicht geht! Ganz im Gegenteil! Mit deiner Lobhudelei stellst du logischerweise den Status quo fest. Das, was jetzt schon ist. Nicht das, was du erreichen kannst.

Auf der Liste meiner besonderen Skills hätte zum Beispiel bis Anfang 2019 niemals Schlittschuhlaufen und schon gar nicht Eiskunstlaufen gestanden. Aus dem einfachen Grund, dass ich das bis dahin niemals gemacht habe. Nicht mal Rollschuh fahren konnte ich. Dafür standen aber andere Dinge auf meiner Liste, die ich irgendwann mal von der Pike auf gelernt habe. Und als dann das Angebot kam, bei *Dancing on Ice* mitzumachen, habe ich aus diesen anderen Dingen den Schluss gezogen: Ich *kann* etwas Neues lernen! Es ist mir grundsätzlich *immer* möglich, meine Fähigkeiten zu erweitern! Und darum habe ich auch diese Herausforderung angenommen. Genau so solltest auch du deine Lobhudelei lesen:

Alles, was da steht, sind Dinge, die du einmal gelernt hast. Die du jetzt kannst. Die du durchgezogen und geschafft hast. Die du dich getraut hast. Und die Fähigkeit dazu steckt immer noch – und für immer – in dir! Du kannst sie dafür einsetzen, im Leben genau das zu erreichen, was du willst! Und das tust du jetzt auch. ¡Vamos!

Zusammenfassung der wichtigsten Punkte dieses Kapitels:

✘ Erfolg ist nicht von äußeren Voraussetzungen abhängig, Erfolg kommt von innen. Die Basis deines – jedes – Erfolges ist der Glaube an dich selbst.

✘ An dich zu glauben ist eine Entscheidung, die du in jedem Moment deines Lebens treffen kannst, unabhängig davon, wo du gerade stehst.

✘ Kinder kommen mit unerschütterlichem Selbstvertrauen und Glauben an sich selbst zur Welt – dieser Glaube steckt noch immer in dir. Grabe ihn wieder aus!

14 DU BIST NICHT ALLEIN – DEIN PEER TEAM

> *»Weisheit kannst du kaufen oder leihen.*
> *Beim Kaufen musst du den vollen Preis zahlen*
> *und alle Fehler selbst machen. Klüger ist es,*
> *zu leihen – du gehst zu Männern und Frauen,*
> *die dir von ihren Fehlern erzählen.«*
> Benjamin Franklin

Gemeinsam geht alles besser! Fast nie ist ein Erfolg nur die Sache eines Einzelnen, sondern immer sind auch andere Menschen damit verbunden. Kein Entdecker hat sich je allein auf den Weg gemacht, sondern immer erst eine Expeditionsmannschaft um sich geschart. Jeder erfolgreiche Sportler, jeder Musiker, jeder Unternehmer hat ein Team aus Helfern um sich herum. Selbst vermeintliche Einzelkämpfer wie Schriftsteller, Künstler oder Komponisten tauschen sich mit anderen aus und werden von irgendjemandem gefördert, viele haben Agenten oder Manager. Ich selbst hatte und habe immer großartige Freunde, Mitstreiter und Teams um mich herum. Und als ich an meinem Tiefpunkt mit 65.000 Mark Schulden angelangt war, lotsten mich gute Ratgeber und ein Mentor langsam, aber sicher aus der Krise, sodass ich mir schließlich selbst helfen konnte. Und natürlich habe ich heute immer meine wunderbare Familie, die hinter mir steht. Darum ist mein Rat: Egal, was du vorhast, stelle dir (d)ein »Peer Team« zusammen! Es unterstützt dich auf deinem Weg und fängt dich auf, wenn es mal nicht so rund läuft – und hält dich damit davon ab, aufzugeben.

Ein »Peer« ist ursprünglich eigentlich nur die Bezeichnung für eine Person, die die gleichen oder ähnliche Interessen wie eine andere verfolgt. Dein persönliches Peer Team ist aber viel mehr! Darin sind nicht (nur) Leute, die das Gleiche oder Ähnliches vorhaben wie du. Es umfasst vor allem Menschen, die dich pushen und die an dich glauben. Leute, mit denen du dich austauschen kannst, wenn es vielleicht mal nicht so top läuft. Die dir Tipps geben und Mut machen. Menschen, die oft schon ein bisschen weiter sind auf dem Weg, den du gehen willst, und von deren Erfahrung du profitieren kannst. Aber vor allem sind all das Leute, die dich *nicht* entmutigen bei dem, was du vorhast. Solche Menschen um dich herum zu haben ist ganz besonders wichtig, wenn du in deinem nächsten Umfeld notorische Bremser hast, die deinem Vorhaben (oft Vorhaben anderer Menschen ganz generell) grundsätzlich pessimistisch gegenüberstehen und überall Probleme lauern sehen. Solche Bremser können Familienmitglieder, Freunde und Bekannte oder manchmal auch der Partner sein. Das bedeutet jetzt nicht, dass du deine Familie und den gesamten Freundeskreis auswechseln oder deinem Partner den Laufpass geben musst.* Wenn dir dein Ziel wichtig ist, solltest du aber dafür sorgen, dass die Nörgelei der anderen nicht überhandnimmt und dich vor allem nicht vom Verfolgen deiner Herzenswünsche abhält.

---

* Auch wenn ich dir natürlich keine persönlichen Beziehungstipps geben kann: Jemand, der dauernd nörgelt und an allem etwas auszusetzen hat, ist ein Energievampir. Wenn Nörgelei die Grundhaltung deines Partners ist und du dich eigentlich immer ausgebremst fühlst, könnte es sein, dass du es in deiner Beziehung mit einem pinken Elefanten zu tun hast – siehe Kapitel acht.

Das schaffst du zum einen, indem du deinen Fokus immer wieder unbeirrt auf dein Ziel und deine Gründe lenkst, warum du es erreichen willst. Dabei helfen dir deine Suggestionen. Außerdem werde ich dir in den folgenden Kapiteln noch mehr Tools an die Hand geben, mit denen du dich so felsenfest auf dein Ziel fokussierst, dass Zweifler dich nicht mehr vom Kurs abbringen können. Mit jedem auf dein Ziel zugegangenen Meter wirst du sowieso (selbst)sicherer werden und damit immun gegen alles, was dich ganz am Anfang vielleicht noch ins Schleudern gebracht hätte. Zum anderen drehst du negativen Einflüssen den Hahn ab, indem du die positiven Einflüsse vervielfachst und die negativen verpuffen lässt. Und hier kommt das Peer Team ins Spiel.

DEIN PEER TEAM – WEGGEFÄHRTEN ZUM ERFOLG

Dein persönliches Peer Team umgibt dich wie ein Faraday'scher Käfig, der in einem Gewitter alle Blitze um dich herum ableitet und neutralisiert.

Woraus setzt sich denn nun so ein Peer Team zusammen?

1. Wohlwollende Familienmitglieder und echte Freunde: Nämlich solche, die möchten, dass du glücklich bist, und darum auch immer hinter dir und deinen Herzenswünschen stehen. Diese Menschen versuchen nicht, dich von vornherein von jeder kühnen Idee abzuhalten, sondern greifen dir grundsätzlich bei der Erfüllung deiner Träume unter die Arme, halten dir den Rücken frei und ermutigen dich. Das bedeutet natürlich nicht, dass du nur Jubelheimer und Beifallklatscher um dich herum scharen solltest. Ganz und gar nicht. Echte Freunde und andere Menschen, die dich lieben, werden auch mit ehrlicher Kritik nicht hinterm Berg halten und dich zum Beispiel auf Fallstricke bei deinen Unternehmungen hinweisen. Echte Freunde lassen dich nicht ins offene Messer laufen. Sie warnen dich, wenn du dich in etwas verrennst oder etwas schiefzugehen droht – und zwar nicht, weil sie neidisch sind, sondern weil sie dich wirklich mögen und nicht wollen, dass du mit deinen Lebensträumen vor die Wand fährst.

2. Gleichgesinnte: Tu dich unbedingt mit anderen zusammen, die sich in die gleiche Richtung wie du bewegen. Wenn du abnehmen willst, kannst du dir zum Beispiel eine örtliche Abnehmgruppe suchen. Solche Gruppen gibt es überall. Virtuell im Internet oder auch »in echt«, mit Treffen vor Ort, Stammtischen und gemeinsamen Aktivitäten. Am besten kombinierst du beides, dann wirst du umso stärker gepusht auf dem Weg zum Ziel. Willst du eine neue Sportart lernen, tritt am besten gleich einem Verein bei oder werde Mitglied in einem Studio. Aber auch wenn es um Sport geht, den man allein trainieren kann, wie etwa Joggen oder Schwimmen, sind Gruppen, die sich regelmäßig zum Training treffen, Gold wert. So bleibst du dran und bekommst direkt eine Regelmäßigkeit und Struktur in dein Vorhaben. Apps auf deinem Smartphone können dich zwar auch unterstützen und anleiten, aber sie haben nicht den gleichen pushenden Effekt wie menschliche Gesellschaft.

Falls du nicht genau weißt, wie du für dein Vorhaben Gleichgesinnte finden sollst, ist der einfachste Weg zunächst eine Suche im Internet und dort speziell in den sozialen Medien. Du wirst feststellen: Es gibt für so gut wie alles Gruppen. Für Existenzgründer, für angehende Autoren, für Hobbygärtner, für Spinnenfreunde, für Auswanderer oder für Leute, die ihr eigenes Haus bauen möchten.

In beruflichen Zusammenhängen existieren aber fast immer auch nicht-virtuelle Netzwerke, Clubs, Vereine oder Verbände. Meistens gelten sie für bestimmte Professionen. Solchen Organisationen kannst du beitreten und bekommst dort Rat und Hilfe. Klassische berufsübergreifende Netzwerke sind wiederum zum Beispiel Rotary Clubs. Oft kannst du in solchen Netzwerken auch ein weiteres wertvolles Mitglied deines Peer Teams finden. Das wäre ...

3. Ein Mentor: Du erinnerst dich an die Geschichte von Andreas: Er hatte einen älteren Kollegen in seinem ersten Unternehmen, der ihn auf seinem Weg mit Rat und Tat unterstützt hat. Solch ein älterer, wohlwollender Ratgeber ist ein Mentor. Der Begriff kommt aus der Odyssee des griechischen Dichters Homer: Der Abenteurer Odysseus hatte einen Freund, der ihn auf seinen Reisen begleitet und ihm immer wieder geholfen hat. Sein Name war Mentor.

Im Gegensatz zu einem Coach kostet ein Mentor normalerweise nichts – allerdings versprechen sich Mentoren natürlich trotzdem etwas davon, ehrgeizige, meistens jüngere Menschen auf ihrem Weg ein Stück zu begleiten und zu unterstützen. Mentoren, die bevorzugt Business-Gründern zur Seite stehen, möchten zum Beispiel oft in junge Start-ups einsteigen oder sie versprechen sich umgekehrt neuen, frischen Input für ihr eigenes Unternehmen. Firmenintern ziehen sich Mentoren oft ihre eigenen Nachfolger heran oder pflegen Talente, die sie gern auf bestimmten Positionen sehen würden. Es gibt aber auch Mentoren, die einfach Spaß daran haben, ihr Wissen weiterzugeben und mit ihrer Branche weiter in Kontakt zu bleiben, auch wenn sie sich bereits zur Ruhe gesetzt haben. Oft findet man solche Mentoren im erweiterten Freundes- oder Bekanntenkreis – hör dich einfach mal um, wer was macht. Wenn du jemanden gefunden hast, der das macht, was du auch tun möchtest, setze dich in Verbindung – die meisten Menschen sind geschmeichelt, wenn jemand ihre Erfahrung wertschätzt.

Falls du gar nicht weißt, wo du einen Mentor herbekommen sollst: Es gibt auch zahlreiche Programme, bei denen man sich ganz klassisch bewerben kann, eine schnelle Internet-Suche hat mir gerade etliche Ergebnisse beschert. Falls jemand dir allerdings einen Coach für einen Mentor verkaufen will – sprich: ein Honorar für seine Dienste aufruft –, ist dieser Mensch ein Etikettenschwindler. Das heißt aber nicht, dass (gute) Coaches unbedingt eine schlechte Idee sind. Sie können dein Peer Team unter Umständen ab einem gewissen Punkt vervollständigen.

4. Agenten, Trainer, Manager, Berater und andere Profi-Unterstützer: Klar, es kommt auf dein Ziel an, ob dieser Punkt für dich überhaupt infrage kommt. Wenn deine Ziele eher im Privaten liegen, ist selten professionelle Hilfe nötig. Um einen Marathon zu laufen, brauchst du nicht unbedingt einen eigenen Trainer, und wenn du drei Kilo abnehmen möchtest, auch nicht zwingend einen Ernährungscoach. Auch ich leiste mir einen Personal Trainer erst, seit ich mich nicht mehr zwischen Essen für einen halben Monat und einer Stunde Drill entscheiden muss.

Selbst wenn du ein Karriereziel verfolgst, brauchst du nicht immer einen Profi-Unterstützer. Bist du zum Beispiel irgendwo angestellt, ergibt das wenig Sinn. Als angehender Unternehmensgründer profitierst du aber möglicherweise von einer Unternehmensberatung, besonders wenn du noch keinen Mentor hast oder dein Mentor in manchen Bereichen kein Experte ist.

Bei vielen freiberuflichen Karrieren kannst du ab einem gewissen Punkt deinen Erfolg festigen und vervielfachen, indem du dir professionelle Unterstützung durch einen

Agenten oder Manager holst. Dieser Punkt ist meistens dann erreicht, wenn du so weit vorangekommen bist, dass andere von außen mindestens erkennen können, dass sich eine Zusammenarbeit mit dir in Zukunft wahrscheinlich lohnen wird. Der Vorteil ist, dass du dem Profi dann einen Deal anbieten kannst: Du tust etwas für mich, und dafür bekommst du – zum Beispiel – fünfzehn Prozent meiner zukünftigen Einkünfte. Das verringert dein Risiko und erhöht den Anreiz für deinen Unterstützer, sich auch wirklich richtig ins Zeug zu legen. So ein Profi vervielfacht noch einmal dein eigenes Netzwerk und nimmt dir ziemlich viel ab – wenn er gut ist. Weil ein Manager oder Agent dich normalerweise dauerhaft begleitet und nicht nur punktuell engagiert wird, sollte er allerdings wirklich perfekt zu dir und deinen Zielen passen. Guck dir vorher gründlich an, was der Kandidat sonst schon so auf die Beine gestellt hat und wo seine Kernkompetenzen liegen. Und genauso wie du deine Ziele einem TÜV unterzogen hast, solltest du auch hier fragen: *Passt diese Person wirklich zu mir? Bringt sie mich weiter? Hilft sie mir, beim Erreichen meiner Ziele* all in *zu gehen?*

Zu den Helfern, die du bezahlen musst, gehören außerdem natürlich noch so fleißige Lieschen wie Steuerberater oder vielleicht eine Haushaltshilfe, Fensterputzer oder andere Dienstleister, die dir Arbeit abnehmen und dafür Zeit frei machen, die du ins Verfolgen deiner Ziele stecken kannst. Auch hier solltest du immer gut abwägen, ob sich die Ausgabe wirklich lohnt und dich weiterbringt. Wenn du zum Beispiel beim Fensterputzen immer besonders gute Ideen bekommst, wäre es ja Quatsch, das jemand anders machen zu lassen.

Du siehst: Andere Menschen können erheblich zu deinem Erfolg beitragen – oder dich erheblich bremsen. Darum ist es wichtig, gezielt den Kontakt zu Menschen zu suchen, die dir beim Erreichen deiner Ziele helfen können. Nicht erwähnt habe ich in der Aufzählung die Leute, die du für dein spezielles Vorhaben unbedingt brauchst. Bei einer Existenzgründung wirst du vielleicht Mitgründer haben, die notwendiges Know-how und/oder Kapital mitbringen, und du wirst wahrscheinlich Mitarbeiter einstellen. Wenn du einen Tauchkurs machst, brauchst du natürlich einen Tauchlehrer – und so weiter.

Zusammenfassung der wichtigsten Punkte dieses Kapitels:

✖ Als Einzelkämpfer kommst du möglicherweise weit, im Team mit gleichgesinnten anderen Menschen kommst du wahrscheinlich weiter.

✖ Nörgler und Zweifler verlieren an destruktivem Einfluss, wenn du dich gezielt mit einem Peer Team umgibst, das dir hilft und/oder ähnliche Ziele verfolgt.

✖ Die Mitglieder deines Peer Teams können dich auf viele unterschiedliche Arten auf dem Weg zum Ziel unterstützen: als moralische Stütze, offenes Ohr, Ratgeber, Warner, Impulsgeber und vieles mehr.

15 WAS ZÄHLT, IST: DRANBLEIBEN!

>»Ich habe früh gemerkt, dass Erfolg
davon abhängt, nicht aufzugeben.
Wenn du einfach nicht aufgibst, wirst du
die Leute überdauern, die zusammen
mit dir im Bus angekommen sind.«
Harrison Ford

Bestimmt kennt du das Zen-Sprichwort: »Der Weg ist das Ziel!« Das ist absolut wahr. Allerdings kann man den Ausspruch auch missverstehen. So, als ob es sich gar nicht lohnen würde, bis zum gesteckten Ziel zu gehen. Aber das ist natürlich nicht gemeint. Es geht darum, jeden Schritt auf dem Weg zum Ziel zu genießen, auch wenn der stellenweise mühsam und schweißtreibend ist und manchmal gefühlt ziemlich lang. Wir werden schließlich nicht von heute auf morgen Millionär. Wir werden nicht von heute auf morgen schlank, und wir werden nicht von einem schüchternen Rehkitz morgen zu einem Redner, der locker vor 10.000 Leuten parliert. Aber kleine Schritte bringen uns voran. Das Einzige, was wir tun müssen: Wir müssen sie gehen.

Stell dir darum mal vor, du machst eine Wanderung. Wenn nur der Moment, in dem du auf dem Gipfel ankommst, diese eine Sekunde, etwas wert wäre, dann wäre die ganze lange Wanderung hinauf – und dann natürlich auch wieder hinunter – eine ziemliche Menge nutzlos verplemperter Lebenszeit, oder? Das ist aber die falsche Herangehensweise! Dein Weg den Berg hinauf ist nicht nur deshalb jede Menge wert, weil er dich deinem Ziel näher bringt. Er ist auch total wertvoll, weil jeder Schritt, den du auf dein Ziel zumachst, einzigartig ist. Jeder Schritt gibt dir eine neue Perspektive. Du bekommst eine neue Sicht ins Tal und auf den Gipfel. Auf jeder Etappe siehst du neue interessante Pflanzen am Wegesrand und lernst etwas. Vielleicht entdeckst du ein Reh, siehst ein Murmeltier oder eine Gämse oder ein Tier, das du noch gar nicht kennst. Du erlebst Abenteuer. Dir begegnen möglicherweise andere Wanderer, mit denen du ins Gespräch kommst und mit denen du Freundschaft schließt. Oder die dir Tipps geben, wie du noch besser und schneller nach oben kommst. Oder die dich vor einer gefährlichen Stelle warnen. Nebenbei tust du deinem Körper und deiner Seele etwas Gutes, denn Bewegung an der frischen Luft ist gesund und baut Stress ab. Nicht zuletzt wirst du mit jedem Gipfel, den du erklimmst, jedem Weg, den du zurücklegst, fitter für das Bezwingen des nächsten Berges.

Um all das zu erleben, musst du dich aber erst mal auf den Weg zum Ziel machen. Jeder Weg zum Ziel ist wie so eine Wanderung. Der Weg und das Ziel, beide sind eine untrennbare Einheit. Sie bedingen sich gegenseitig. Das ist mit dem Zen-Ausspruch gemeint. Um dein Ziel zu erreichen, solltest du also den Weg dorthin so gestalten, dass du erst gar nicht in Versuchung kommst, dein Vorhaben abzubrechen und umzukehren. Mache den Weg unvergesslich. Verwandele ihn in einen spannenden Parcours statt in langweiligen Trott oder lästige Verpflichtung! Er darf dann ruhig hier und da anstrengend und herausfordernd sein. Umso mehr freust du dich später. Damit das klappt und du nicht unterwegs schlapp machst, gibt es ein paar wichtige Grundregeln:

REGEL 1: VERGLEICHE DICH IMMER NUR MIT DIR SELBST!

Was wir uns auch vornehmen, der Bezugspunkt sollten immer wir selbst sein. Wenn du abnehmen willst, und du schielst ständig zu der Freundin, die bereits zwanzig Kilo losgeworden ist, wird dir das Ziel schnell unerreichbar erscheinen. Du verlierst die einzelnen, hintereinander gut zu bewältigenden Schritte aus den Augen. Stattdessen legst du den Kopf in den Nacken und guckst auf den riesigen Berg, der vor dir liegt. Sozusagen auf alle Schritte zugleich. So als müsstest du einen großen Satz zum Ziel machen, was natürlich unmöglich ist. Vielleicht gibst du dann sogar entmutigt auf. Wenn du aber deine Aufmerksamkeit darauf lenkst, dass du *deinen eigenen* Gürtel schon wieder ein Loch enger schnallen kannst, freust du dich wie ein Schneekönig.

Der beste Beweis, was passiert, wenn man vergisst, dass nur der Vergleich mit sich selbst zählt, bin leider ich selbst. Nachdem ich bei *Dancing on Ice* die Vorbereitung hinter mich gebracht hatte und live jeden Sonntag auf Sendung war, gab es eine Phase, in der ich mir leider doch selbst stressigen Brainfuck gemacht habe. Plötzlich wälzte ich Gedanken wie »Mensch, die Sarah Lombardi ist doch viel jünger als du. Und die hat doch auch schon vorher auf Schlittschuhen gestanden, wenn es auch nur auf dem Weihnachtsmarkt war. Und die hat auch nicht so viel Angst hinzufallen ...« Oder: »Der Timur Bartels ist so ein Jungspund, der geht da durch wie nix und traut sich das alles ...« Ich war ja mit 48 nicht nur viel älter als die anderen, sondern durch meine künstliche Hüfte, die ich seit 2017 habe, musste ich mich in der ersten Zeit immer überwinden, auf dem Eis anspruchsvolle Figuren zu probieren. Ich hatte Angst, hinzufallen und mir etwas zu brechen oder das künstliche Hüftgelenk kaputt zu machen. An meiner Fitness hängt mein gesamtes Business! Wie heißt es so schön? Mein Körper ist tatsächlich mein Kapital. Es war für mich also wirklich wichtig, vorsichtig und nicht zu übermütig zu sein. Diese Notwendigkeit wurde durch den Druck des Vergleiches zu unnötigem Stress. Hätte ich mich darauf besonnen, mich nur mit mir selbst zu vergleichen – ich hätte mir einiges Adrenalin erspart. Und einiges andere ...

Übung: Dein Vorbild als gedanklicher Ratgeber

Wenn du dir ein Vorbild setzt, dann kann dich das super motivieren. Allerdings nicht, indem du dich mit dem Vorbild vergleichst – dabei kannst du nur verlieren, denn ein Vorbild ist dir ja per se immer meilenweit voraus. Es kann dich aber inspirieren, wenn du es als gedachten Ratgeber benutzt. Zum Beispiel, indem du dich bei Entscheidungen gedanklich in diese Person hineinversetzt und dich fragst: Was würde er oder sie jetzt tun? Dann gibt dir ein Vorbild oft den Impuls in die richtige Richtung.

REGEL 2: MACH PAUSEN UND FEIERE TEILERFOLGE!

Ich gebe zu, das ist ein Thema, das bei mir lange ein Dornröschendasein gefristet hat. Dass man beim Sport Pausen machen muss, weil die Muskeln Zeit zur Regeneration brauchen, um sich zu verdichten und zu wachsen und nicht schwächer zu werden, ist mir als Tänzer eigentlich klar. Trotzdem habe ich diese Regel hin und wieder sehr gedehnt – bis ich damit beinahe vor die Wand gefahren wäre.

Die folgende Geschichte habe ich bisher für mich behalten, aber jetzt möchte ich sie dir erzählen – als warnendes Beispiel, was passieren kann, wenn du bei allem Ehrgeiz auf deinem Weg zum Ziel nicht drauf achtest, zwischendurch dich und deine bisherigen Etappenerfolge gebührend zu feiern und dich vor allem auch mal auszuruhen.

Auf dünnem Eis

Dabei sein ist alles – das war anfangs meine Vision, als ich bei *Dancing on Ice* mitgemacht habe. Natürlich wollte ich mein Bestes geben, aber mir war auch bewusst, dass ich als völliger Schlittschuhanfänger und mehr als doppelt so alt wie andere der Teilnehmer nicht auf Sieg spielen konnte. Es wäre gut gewesen, wenn ich mich daran immer wieder erinnert hätte. Aber wie es so meine Art ist, habe ich auch hier direkt Vollgas gegeben. Ich habe mir gesagt: Detlef, du bist blutiger Anfänger. Du kriegst das nur dann hin, wenn du doppelt trainierst. Also habe ich vormittags immer das Drei-Stunden-Training in Anspruch genommen, das der Sender zur Verfügung gestellt hat, und bin nachmittags noch mal eine bis zwei Stunden in ein Privattraining gegangen, am Wochenende auch länger. Das Ganze war weit entfernt von easy going. Ich stürzte ständig, bekam Rippen- und Steißbeinprellungen, und es gab Tage, an denen ich gedacht habe: »Ihr könnt mich alle mal, ich will nicht mehr.« Schon das hätte ein Warnzeichen sein können. War es aber nicht, denn diese Tage haben sich abgewechselt mit Tagen, an denen ich sagen konnte: »Wow, jetzt kannst du den Rückwärts-Übersetzer, jetzt kannst du nicht nur vorwärts, sondern sogar rückwärts Schlittschuh laufen. Yeah!« Das war ein großartiges Gefühl!
So ein Auf und Ab ist natürlich völlig normal. Das Problem dabei war nur: Ich habe mir null Pausen gegönnt, nicht einen

einzigen Tag. Darum ist mein Stresslevel auch an den Erfolgs-
tagen oben geblieben. Ich bin nach Hause gekommen, habe
gegessen, gebadet, mich ein bisschen mit meiner Familie beschäftigt und dann war ich auch schon im Bett. Nachts habe
ich von der Choreografie geträumt und bin morgens wie ge-
rädert aufgewacht.

Dann kam die nächste Stufe. Es wurde noch mal anspruchs-
voller, denn jetzt kamen die Liveshows dazu. Plötzlich ging
es darum, auf dem Eis fehlerfrei zu performen. Ich habe die
Konkurrenten gesehen. Die Jury, die über mich urteilt. Ein un-
gewohntes Gefühl, denn normalerweise bin ich es ja, der auf
der Jurybank sitzt. Und plötzlich hab ich in mir den Druck
gespürt, gut sein zu wollen. Richtig gut. Das hat sich dazu
gesteigert, dass ich auf einmal auch gewinnen wollte. Unbedingt. Nix mehr mit »Dabei sein ist alles«. Jetzt wollte ich
es wissen. Also habe ich noch mehr Gas gegeben und mich
ständig gefragt: Wie kommt das Ganze draußen an? Rufen
die Leute für mich an? Kurz: Es war Stress ohne Ende. Bei den
Proben in Köln für die Liveshows am Wochenende stand ich
jedes Mal komplett neben mir. Ich war das reinste Nerven-
bündel. Spätestens da hätte mir auffallen müssen, dass ich in
die falsche Richtung drifte. Hatte ich mich anfangs noch über
meine Fortschritte gefreut, war ich jetzt nicht länger als ein
paar Minuten happy, wenn ich eine Runde weitergekommen
bin. Danach war ich sofort wieder im Stress für die nächste
Show.

Die Quittung kam nach dem Finale, bei dem ich trotz meines
Ausscheidens im Viertelfinale noch mal performen musste.
Nach der Show bin ich nachts mit dem Auto von Köln
nach Berlin gefahren, weil meine Tochter am nächsten Tag
Geburtstag hatte. Ich bin um null Uhr losgefahren und war
um sieben Uhr am Montagmorgen zu Hause. Den ganzen
Stress habe ich also mit einer schlaflosen Nacht gekrönt. Um
halb acht habe ich mit Kate an Ayanas Bett gestanden und

»Happy Birthday« gesungen. Bis dahin habe ich noch funktioniert, aber in der Nacht von Montag auf Dienstag merkte ich: Irgendwas stimmt hier nicht. Ich war plötzlich ganz schwach. Kate hat mich zum Arzt gefahren und der hat mich sofort ins Krankenhaus geschickt – ich hatte einen Eins-a-Schwächeanfall. Dann durfte ich erst mal eine Weile nur rumliegen und musste danach wochenlang alles ganz ruhig angehen.

Was war passiert? Weil ich nicht nur *all in* gegangen war, sondern dabei keine Pausen zur Regeneration und auch Reflexion gemacht hatte, haben mein Körper und mein Geist die Notbremse gezogen und gesagt: Okay, wenn der Typ keine Pausen macht, schießen wir ihn jetzt mal eine Runde ab. Das war mein persönlicher Schuss vor den Bug. Mir wurde klar: *All in* zu gehen, das bedeutet nicht, sein Ziel bis zum Umfallen zu verfolgen, denn das kann bedeuten, dass man es am Ende gar nicht erreicht. Vielleicht hat mich mein Ausscheiden sogar gerettet. Was hätte mir ein Sieg genützt, wenn ich danach Monate in den Seilen gehangen hätte? Oder gar ernsthaft krank geworden wäre? Oder noch Schlimmeres passiert wäre ...

Versteh mich an dieser Stelle bitte nicht falsch: Ehrgeiz ist etwas Gutes! *All in* zu gehen ist wichtig! Und es ist richtig, dein Ziel mit voller Kraft zu verfolgen. Aber dabei musst du auf deine Ressourcen achten, du darfst nicht alles auf einmal verbrauchen. Es ist ganz einfach: Wenn du mit deinem Auto irgendwo hinwillst und ständig Vollgas gibst, dabei aber vergisst, rechtzeitig zu tanken, dann bleibst du irgendwann stehen. Und zwar nicht da, wo du hinwolltest, sondern irgendwo in der Pampa. Wenn du obendrein auch nicht dafür gesorgt hast, dass dein Auto regelmäßig durchgecheckt wird, das Öl gewechselt wird und die Reifen genug Profil haben, dann kann es sogar sein, dass die Karre irgendwann einfach kaputtgeht.

Beim Stichwort Reifen fällt mir die Geschichte einer Freundin ein. Sie war auf der Autobahn unterwegs. Plötzlich merkte sie, dass der Wagen ausscherte und sich nicht mehr lenken ließ. Er drehte Pirouetten, mitten auf der Autobahn. Sie sah mehrere Lkw auf sich zurollen, konnte aber nichts tun, als hilflos zuzuschauen, wie sich das Auto weiter drehte. Schließlich bewegte es sich rückwärts auf den Seitenstreifen und kam in letzter Sekunde genau neben einem Baum und vor einem Zaun zum Stehen. In der nächsten Sekunde donnerten die Lkw vorbei. Die banale Ursache dieser dramatischen Situation: Ihr war ein Reifen geplatzt. Sie hatte nicht darauf geachtet, dass ihre Reifen schon viel zu alt waren. Sie hätte sie schon vor Jahren austauschen müssen. Jetzt war das Gummi spröde und geborsten. Wäre nicht gerade zufällig eine Lücke im Verkehrsfluss gewesen, würde sie heute wahrscheinlich nicht mehr leben. Sie hatte Glück im Unglück. Genauso wie ich. Die Freundin wird in Zukunft immer die Reifen rechtzeitig tauschen, und auch ich habe aus meinem Fehler gelernt. Ich werde auch in Zukunft immer noch *all in* gehen – aber ich werde nie mehr darüber hinausgehen. Inzwischen halte ich es für möglich, dass ich mit vernünftigen Erholungspausen bei *Dancing on Ice* sogar weiter hätte kommen können – vor allem aber wäre ich nicht im Krankenhaus gelandet.

Deine Ressource, das ist dein Körper. Deine Ressource, das ist dein Kopf. Ohne die beiden geht gar nichts. Darum tu alles, damit sie dir erhalten bleiben. Mit Pausen funktioniert das meiste einfach besser. Denk mal an intermittierendes Fasten: Dabei wechseln sich Phasen normalen Essens mit Phasen des Fastens ab. Dadurch gewöhnt sich der Organismus nicht an die geringe Nahrungszufuhr und fährt auch den Stoffwechsel nicht runter. Das führt bei gewöhnlichen Diäten nämlich zum Jo-Jo-Effekt. Den gibt es hier nicht und darum ist das Konzept auch so erfolgreich.

Dazu tragen die Pausen vom Fasten bei. Oder man könnte natürlich auch sagen: die Pausen vom Essen. Es ist der Wechsel, der sich hier positiv auswirkt. Versuche an Tieren lassen außerdem vermuten, dass das Intervallfasten, wie diese Form der Ernährung auch heißt, wahrscheinlich das Leben verlängert und länger fit hält, weil altersbedingte Krankheiten gar nicht oder erst später auftreten.

Oder kommen wir noch mal zum Sport. Dort ist die sogenannte Superkompensation eines der wichtigsten Prinzipien, wenn man Kraft und Kondition aufbauen will. Nur wenn der Körper sich nach dem Training ausreichend lange ausruhen kann, wird ein Trainingseffekt überhaupt möglich. Das liegt daran, dass die Leistungsfähigkeit nach dem Training erst mal unter das Niveau von vor dem Training sinkt. Dann steigt sie aber wieder an, weil der Körper sich an die Belastung anzupassen versucht – und zwar auf ein höheres Level als zuvor. Der Gipfel dieser ansteigenden Leistungskurve ist dann der ideale Zeitpunkt, um wieder zu trainieren. Bei idealen Abständen zwischen den Trainingseinheiten, steigt das Leistungsniveau immer mehr an:

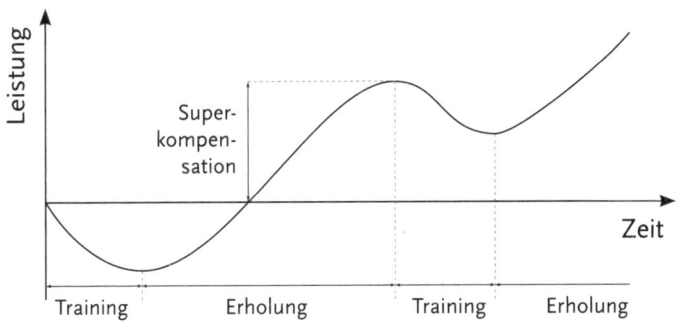

Wer zu spät wieder trainiert, fällt auf das Level vor dem Training zurück. Wer aber zu früh wieder belastet, hat bestenfalls keinen Effekt – schlimmstenfalls setzt sich sogar eine Spirale nach unten in Gang, in der der Körper immer schwächer und schwächer wird:

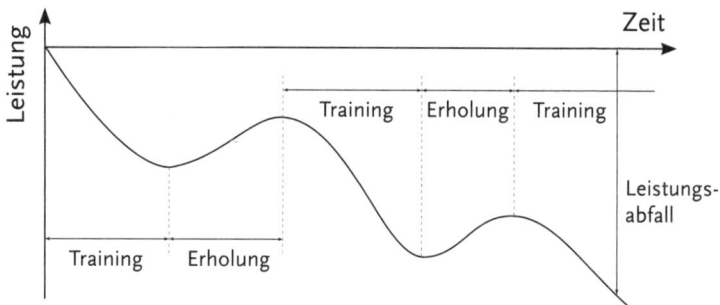

Genau das war bei mir und meinem *Dancing on Ice*-Training passiert.

Dieses Superkompensationsprinzip lässt sich auf alle anderen Lebensbereiche übertragen. Auf dem Weg zum Ziel kommt noch hinzu, dass Pausen es dir ermöglichen, deine bisherigen Teilerfolge gebührend zu feiern und zu genießen. Den Brauch des »Bergfestes« bei Projekten oder Messen, mit dem der Abschluss der ersten Hälfte gefeiert wird, gibt es aus gutem Grund: Das motiviert, den Rest des Weges genauso enthusiastisch zurückzulegen wie den ersten. Egal, was du vorhast: Wenn du ein Viertel, die Hälfte oder drei Viertel des Weges zurückgelegt hast, ist es Zeit zum Feiern. Klopf dir auf die Schulter, gönn dir eine Belohnung: Du bist ein Held! Jetzt schon!

»Was ohne Ruhepausen geschieht, ist nicht von Dauer.«
Ovid

REGEL 3: HAB SPAß BEI DEM, WAS DU TUST!

Erst die Arbeit, dann das Vergnügen – vielleicht hast du solche Sprüche früher auch zu hören bekommen. Die Haltung, die dahintersteckt, ist, dass unsere Arbeit und andere Pflichten etwas sind, das per se keinen Spaß macht und zu dem wir von irgendwem gezwungen werden.

Die Hirnforschung ist da aber ganz anderer Meinung. Denn Spaß ist für dein Gehirn ein Signal, dass es sich lohnt, an etwas dranzubleiben. Wenn du an etwas Spaß hast und dich gut fühlst, wird von deinem Gehirn Dopamin ausgeschüttet. Dopamin wird oft als Glückshormon bezeichnet, streng genommen ist es aber eher ein Dem-Glück-auf-die-Sprünge-Helfer: Es sorgt dafür, dass du Dinge, die sich gut anfühlen, immer wieder tust. Es unterstützt dich also darin, kontinuierlich an etwas dranzubleiben. Aus dieser Sicht ist es total schlau, Spaß zu haben bei dem, womit du die meiste Zeit verbringst und wahrscheinlich auch dein Geld verdienst. Es ist clever, einen Beruf zu ergreifen, auf den du dich täglich freust. Den du ausüben willst und nicht nur musst, um über die Runden zu kommen. Wenn dir etwas Spaß macht und du es darum bereitwillig wiederholst, wirst du auch automatisch besser in dem, was du tust. Und nicht nur das: Sobald du Spaß hast, hat destruktiver Stress keine Chance mehr.

Ein Wendepunkt in meinem Leben war es, als ich aufgehört habe zu versuchen, irgendwie das große Geld zu machen. Stattdessen besann ich mich auf das, was ich lieber tat als alles andere und was ich deshalb auch besser konnte als alles andere: tanzen. Von dem Moment an, als ich das, was mir Spaß machte, wieder in den Mittelpunkt rückte, ging es mit meiner Karriere, mit meinen Finanzen, mit meinem ganzen Leben wieder bergauf.

Nicht missverstehen: Das heißt selbstverständlich nicht, dass ich nonstop nur Spaß habe. Auch ich muss mich zum Beispiel um meinen Steuerkram kümmern. Ich muss manchmal mitten in der Nacht aufstehen, und es gibt Zeiten, da sehe ich meine Familie wochenlang nicht. Solche Aspekte sind definitiv nicht so lustig. Aber dann fokussiere ich mich eben auf die schönen Seiten dessen, was ich mache. Ich freue mich etwa, wenn ich beim Steuernmachen schwarz auf weiß meinen Erfolg in Form von Einkünften vor mir sehe. Wenn ich für irgendeine Fernsehsendung früh rausmuss, konzentriere ich mich darauf, wie toll die Show werden wird, statt mich zu ärgern, dass ich Streichhölzer brauche, um meine Augen aufzuhalten. Und wenn ich auf meine Familie verzichten muss, sehe ich die guten Seiten an dem, was ich tue, und freue mich umso mehr auf das Wiedersehen.

Auch wenn du dir zum Beispiel vorgenommen hast abzunehmen, ist das vermutlich nicht die »Tätigkeit«, die dir von jeher am meisten Spaß macht. Aber du kannst trotzdem dafür sorgen, dass du auf dem Weg zu deinem Ziel Spaß hast! Statt dich über die (vermeintlich) negativen Seiten des Abnehmens zu grämen, etwa, dass du jetzt nicht mehr täglich deine Tafel Schokolade oder deinen Bienenstich verdrücken kannst, richtest du deinen Blick bewusst auf die positiven Aspekte deines Weges. Die machen sich nämlich, schon lange bevor du dein endgültiges Ziel erreichst, bemerkbar. Freu dich über die leckeren, gesunden Gerichte, die du jetzt isst. Male dir aus, wie gut sie deinem Körper tun. Freu dich, dass du mehr Energie hast und dich weniger schwerfällig fühlst. Dass du besser schläfst. Dass du täglich stärker wirst. Freu dich über deine wachsenden Muskeln. Über Komplimente. Über deine besser werdende Haut. All das sind kleine Schritte, die zusammen den Weg zum Ziel ergeben.

Wenn du einen Job hast, der dir nicht ständig Spaß macht, den du aber nicht aufgeben willst, hast du ebenfalls die Möglichkeit, deinen Blick bewusst auf die positiven Seiten der Arbeit zu richten. Vielleicht ist deine Arbeit besonders sinnvoll, weil du anderen Menschen hilfst. Oder du langweilst dich zwar hin und wieder, verdienst dafür aber einen Haufen Geld und kannst dich in deiner Freizeit verwirklichen. Oder es gibt immer wieder spaßige Momente, auf die du hinarbeitest. Suche bewusst die positiven Aspekte.

> *»Wenn man Spaß an einer Sache hat,*
> *nimmt man sie auch ernst.«*
> Gerhard Uhlenbruck

DIE ABWESENHEIT VON SPAß IST EIN WARNZEICHEN

Solltest du aber an deiner Arbeit so gar nichts Gutes finden können, ist es möglicherweise Zeit für einen Wechsel. Dann empfehle ich dir, noch mal zurückzugehen zu Kapitel drei und mit der Übung »Die Mindmap für dein Hammerleben« eine Rundum-Inventur deines Lebens zu starten. Die völlige Abwesenheit von Spaß ist immer ein ernstes Warnzeichen. Entweder dafür, dass du etwas tust, was nicht zu dir passt. Oder dass du dich gerade überforderst – es gibt das Krankheitsbild der Überforderungs-Depression, da hat man vor lauter Stress keine Freude mehr an etwas, was man eigentlich gern tut. Auch das hätte mir bei *Dancing on Ice* zu denken geben können: Ich hatte auf einmal gar keinen Spaß mehr. Und das will was heißen, denn ich habe einen ganzen Werkzeugkoffer voller Motivationstools, die ich täglich benutze.

Und dazu kommen wir jetzt!

Zusammenfassung der wichtigsten Punkte dieses Kapitels:

✖ Vergiss die anderen, vergleiche dich nur mit dir selbst! Du bist einzigartig, darum ist auch dein Weg zu deinem Ziel einzigartig.

✖ Erholung und Pausen sind essenziell bei jedem Vorhaben. Am besten planst du sie von Anfang an ein. Spätestens, wenn du Ermüdungserscheinungen an dir feststellst, tritt auf die Bremse. Ein Alarmzeichen ist es, wenn der Spaß verschwindet.

✖ Spaß solltest du nicht erst haben, wenn du dein Ziel erreichst, Spaß hast du jetzt, auf dem Weg dorthin! Ist das dauerhaft nicht (mehr) der Fall, überprüfe, ob du eine Pause brauchst oder ob dein Ziel noch für dich passt.

16 MEIN WERKZEUGKOFFER FÜR EIN POSITIVES MINDSET

> *»Wir müssen die Zeit als Werkzeug*
> *benutzen, nicht als Couch.«*
> John F. Kennedy

Es kann immer sein, dass es Tage gibt, an denen es dir echt schwerfällt, dich zu motivieren. Wir Menschen haben ja selten Probleme damit, uns über Dinge im Leben aufzuregen und auf das zu konzentrieren, was uns auf den Zünder geht. Auf das, was anstrengend ist und schlechte Laune macht. Mir geht es genauso. Ich wache dann morgens auf und habe direkt den Kopf voll mit Sachen, die zu erledigen sind. Da kommen mir häufig erst mal Gedanken wie: *Boah, wie sollst du das heute bloß alles schaffen? No way, du kannst gleich im Bett liegen bleiben, Detlef!* In so einem Fall hole ich aber direkt meine kleinen Werkzeuge raus, noch während ich im Bett liege. Das sind Werkzeuge, mit denen ich meine negative Stimmung umdrehe und wieder in eine positive Grundhaltung umbaue. Denn die ist die Voraussetzung dafür, das Leben zum Positiven zu verändern, Ziele zu erreichen und jeden Tag wirklich auszukosten und glücklich zu sein. Nur mit einer positiven Denkweise kannst du dir auch positive Verhaltensweisen angewöhnen, die dir das Gute in dein Leben bringen, das du dir wünschst. Ein positives Mindset ist der Treibstoff für ein großartiges Leben. Es bestimmt dein

Verhalten, deine Ausstrahlung, dein Denken und damit, was und wie du jeden Tag erlebst. Das heißt nicht, dass nicht mal was schiefgehen kann oder du ein Ziel vielleicht nicht direkt oder so schnell wie gedacht erreichst. Aber du bist auf dem richtigen Weg, der dich früher oder später an dein Ziel bringen wird.

Darum bekommst du jetzt von mir ein Geschenk! Der ultimative Werkzeugkasten für ein positives Mindset:

Mindset-Verwandler-Tool Nummer 1:
Was gibt es Schönes, auf das ich mich freuen kann?

Diese Frage stelle ich mir immer, wenn ich feststelle, dass sich pessimistische Gedanken in mir breitmachen. Eben zum Beispiel dann, wenn ich morgens aufwache und das Gefühl habe, mir sofort wieder die Decke über den Kopf ziehen zu wollen. Durch die Frage komme ich ins Nachdenken. Nicht über alle Aufgaben auf einmal, da würde ich dann wirklich liegen bleiben. Nein, ich überlege, was ich im Einzelnen vorhabe, und denke bewusst nicht daran, warum etwas eventuell anstrengend ist, sondern welche schönen Seiten die einzelnen Punkte auf der Tagesordnung haben. Dann fällt mir zum Beispiel ein, dass ein Meeting mit meinen Mitarbeitern ansteht. Ich weiß, dass sie alle engagiert und leidenschaftlich für unsere gemeinsame Vision fighten. Das finde ich super und darum freue ich mich auf das Meeting mit diesen tollen Menschen. Wenn ich Interviews gebe, stelle ich mir vor, dass ich gute und wirklich interessierte Journalisten treffe, mit denen ich meine Message und meine Vision teilen kann. Ich denke daran, dass ich um 14.20 Uhr meine Tochter von der Schule abholen werde, und ich stelle mir vor, wie sie auf dem Flur in der Schule auf mich zugerannt kommt und mich umarmt. Darauf freue ich mich. Ich freue mich auf mein Fitnesstraining mit meinem Personal Coach. Und so weiter. Dieses wortwörtliche Umdenken dauert nur ein paar Minuten – und mein Mindset hat sich grundlegend verändert. Statt in den Schatten gucke ich dahin, wo es hell und schön ist, und fühle mich sofort besser und motivierter.

Falls du nun spontan den Gedanken hast, dass es in deinem Leben nichts gibt, worauf du dich freuen kannst, guckst du nur in die falsche Richtung. Entscheide dich für positive Veränderung und hör damit auf! Und wenn es – scheinbar – nichts gibt, dann schaffe dir etwas. Fang mit was ganz Kleinem an. Mit der Tasse Kaffee, auf die du dich freust. Der Dusche mit deinem Lieblingsduschgel. Dem Spaziergang in der Mittagspause. Nimm dir vor, einen Freund oder eine Freundin anzurufen oder zu treffen.

Du kannst die Frage, statt sie so allgemein wie eben zu formulieren, auch ganz bewusst auf dein Ziel münzen, um dir die positiven Aspekte des Weges vor dein geistiges Auge zu führen. Dann brauchst du sie nur umzuformulieren:

Welche schönen Seiten hat das Verfolgen meines Zieles, auf die ich mich freuen kann?

Beim Abnehmen kannst du dann zum Beispiel an die positiven Punkte denken, die ich vorhin schon einmal aufgezählt habe. Als ich selbst über 30 Kilo abgenommen habe, habe ich mir täglich morgens gesagt: Ich freue mich darauf, heute wieder gesund und lecker zu essen. Ich freue mich auf mein 20-Minuten-Workout. Ich freue mich auf mein erfrischendes stilles Wasser mit Zitrone, das ich über den Tag verteilt trinke, damit ich Giftstoffe aus dem Körper leite. Ich habe mir bildlich vorgestellt, wie gut all das meinem Körper und auch meiner Seele tut. Ein Nebeneffekt ist, dass du dich dadurch daran erinnerst, diese Schritte auch wirklich zu machen. So wirken diese Gedanken doppelt.

Mindset-Verwandler-Tool Nummer 2:
Wie kann ich Negatives in Positives umwandeln?

Mit dieser Frage schnappst du dir die negative Energie, die dich anspringt, und nutzt sie. Bildlich gesprochen ziehst du wie ein Judokämpfer am Arm des Angreifers und nutzt dessen Energie, um ihn ruckzuck aufs Kreuz zu legen. Wenn ich mir die Bettdecke über den Kopf ziehen will, weil ich unwillkürlich denke: *Oh Gott, was das für ein Scheißtag wird!*, stoppe ich diesen Gedanken in dem Moment, in dem er mir bewusst wird. Ich sage innerlich tatsächlich: *Stopp!* Dann knöpfe ich mir diese negativen Impulse vor und sage laut:

»Papperlapapp! Das wird ein geiler Tag, ein richtiger Megaknaller! Denn **ich werde** diesen Tag zu einem großartigen Tag **machen**.«

Ja, ich spreche tatsächlich ganz platt mit mir selbst. Nicht nur in Gedanken, ich sage das wirklich laut zu mir. Das hat einen einfachen Grund: So landet diese ganz klare Botschaft, diese Autosuggestion, sofort ohne Umwege im Unterbewusstsein. Du denkst sie nicht »nur«, du hörst sie auch. Wenn du noch mehr tun willst, schreibe die Botschaft auf, dann kannst du sie zusätzlich auch sehen. Steck den Zettel in die Hosentasche und schau immer wieder drauf oder lies die Worte laut. Jeder dieser Schritte macht die Botschaft realer. Und dein Unterbewusstsein wird dich ab sofort dabei unterstützen, dass deine Ansage wahr wird.

Probier es mal aus. Merkst du was? In diesem Moment machst du einen Switch – von der Passivität zur Aktivität. Du tust etwas. Du machst dir wieder bewusst, dass du der Regisseur deines Lebens bist. Du bestimmst. Nicht die Umstände. Nur so, mit einem positiven Mindset, kannst du dein Leben verwandeln. Darum sind auch die Wörter »ich« und »machen« oben wieder fett gedruckt. Sie sind der Kern der Aussage: *Ich selbst habe die Macht und die Möglichkeit, diesen Tag zu gestalten.*

Auch diese Frage kannst du natürlich konkret an dein Ziel anpassen:

Wie kann ich die Seiten des Verfolgens meines Ziels, die mir gerade negativ vorkommen, in Positives umwandeln?

Hier kommen wieder die appetitiven Motivationen aus Kapitel sechs ins Spiel. Denkst du daran, wie nervig es ist, sich bei Regen aufzuraffen, um laufen zu gehen, stoppe diese Gedanken. Häng dir stattdessen eine Mohrrübe vor die Nase. Denk dran, wie extragroßartig du dich fühlen wirst, wenn du deinen Schweinehund überwunden hast und trotz des Wetters rausgegangen bist. Denk dran, wie wunderbar es sein wird, dich unter die warme Dusche zu stellen. Mit welch gutem Gefühl du später dein Abendessen verzehren wirst. Und so weiter.

Mindset-Verwandler-Tool Nummer 3: Das Gute-Laune-Grinsen

Wenn ich wirklich überhaupt nicht aus den Puschen komme oder so richtig schlechte Laune habe, dann stelle ich mich vor den Spiegel im Bad und grinse mich ohne Quatsch mindestens 30 Sekunden lang so breit an wie ein Honigkuchenpferd. Total übertrieben. Dann passieren zwei Sachen. Erstens sehe ich so bescheuert aus, dass ich über mich selbst lachen muss. Zweitens werden durch das Facial Feedback, über das wir in Kapitel sieben gesprochen hatten, Prozesse im Kopf aktiviert. Diese 30 Sekunden reichen für die Produktion von Glückshormonen und sofort habe ich wieder ein positives Grundgefühl. Total simpel, aber sehr wirksam.

Mindset-Verwandler-Tool Nummer 4:
Was gab es an diesem Tag Schönes –
und wie habe ich dazu beigetragen?

Diese Frage stelle ich mir ausnahmslos jeden Abend. Sie kommt aus der positiven Psychologie, das ist eine Strömung in der Psychologie, die sich nur damit befasst, wie man glücklicher und produktiver wird. Also genau das, was du und ich brauchen! Um die oben genannte Frage zu beantworten, benutze ich das Notizbuch, das ich an meinem Bett liegen habe. Dort schreibe ich dann mindestens drei Dinge auf, die mir an diesem Tag gefallen haben. Da steht dann zum Beispiel, dass es schön war, wie glücklich mich meine Frau Kate heute angelächelt hat. Dazu beigetragen habe ich, indem ich mir bewusst zwei Stunden freigenommen habe, um mit ihr zu Hause Mittag zu essen. Oder ich denke daran, was für ein tolles Gefühl es war, mit meinem Team einen Superdeal einzufahren. Dazu beigetragen habe ich, indem ich mir vorher genau überlegt habe, was ich meinen Vertragspartnern Tolles bieten kann, wenn sie mit mir einig werden. Der Trick ist hier, dass du nicht nur auf das Schöne allein guckst, sondern auch auf dein Handeln. Dadurch legst du den Fokus darauf, was du ändern kannst, wenn du aktiv wirst. Du lernst: Es steht in meiner Macht, Dinge zu verändern. Psychologen sagen in so einem Fall, du bekommst ein Gefühl von Selbstwirksamkeit. Das motiviert. Das ist aber noch nicht alles. Außerdem merkst du dir, was genau du getan hast und in Zukunft tun kannst, um Geschehnisse so zu beeinflussen, wie du sie gerne haben möchtest. Nach und nach baust du dir so ein Repertoire an funktionierenden Maßnahmen auf. *Win-win.* Selbstverständlich kannst du auch diese Frage mit deinem Ziel verbinden:

Mit welchem Schritt habe ich mich heute wieder auf mein Ziel zubewegt – und wie habe ich diesen Schritt positiv gestaltet?

Da fällt dir dann vielleicht ein, dass der Schritt auf dein Ziel zu war, dass du heute zwei Stunden an deinem Buchmanuskript gearbeitet hast. Positiv gestaltet hast du diese Zeit, indem du dir eine leckere Tasse Kaffee dazu gemacht und vielleicht einen Blumenstrauß auf den Schreibtisch gestellt hast. Außerdem hast du bewusst darauf geachtet, alle Ablenkungen zu vermeiden, indem du Mailprogramme und dein Handy ausgeschaltet hast. Dadurch bist du in einen Flow gekommen, der dir ein totales Glücksgefühl gebracht hat und obendrein auch dafür gesorgt hat, dass du einen neuen Seitenrekord aufgestellt hast.

Auch mit diesem bewussten Drüber-Nachdenken verstärkst du alles, was dich deinem Ziel näher bringt und sich gut anfühlt. So kannst du es wiederholen und schaffst dir nach und nach Erfolgsgewohnheiten drauf.

Mindset-Verwandler-Tool Nummer 5: Best case – Worst case

Das ist eine Variante der WOOP-Visualisierung, die du ja schon aus Kapitel elf kennst. Falls an einem bestimmten Tag etwas ansteht, was mir ein bisschen mehr Respekt einflößt, stelle ich mir nicht nur das allerbeste Resultat vor. Ich frage mich auch: Was wäre das schlechteste Ergebnis? Und dann frage ich mich: Was macht es mit meiner Welt, wenn dieses schlechteste Ergebnis eintritt? In 99 Prozent der Fälle ändert es nämlich an meiner jetzigen Lebenssituation und an meiner jetzigen Welt überhaupt nichts. Ich würde mich vielleicht kurz ärgern, aber am nächsten Tag würde ich schon nicht mehr dran denken und in einem Monat wäre die Situation komplett in Vergessenheit geraten. Sobald mir das bewusst geworden ist, fühle ich mich wieder souverän und durch nichts zu erschüttern – und gehe wieder vom Bestmöglichen aus.

Mindset-Verwandler-Tool Nummer 6: In die Stille gehen

Diesen Punkt finde ich besonders wichtig, und ich kann mir vorstellen, dass es viele Leute überrascht, diesen Tipp von mir zu hören. Diese Gewohnheit ist aber von großer Bedeutung, um wirklich Erfolg zu haben und etwa bei Geschäften zum Abschluss zu kommen.
Bevor ich einen wichtigen Schritt tue, zum Beispiel wenn ich einen TV-Auftritt habe oder vor 10.000 Leuten einen Vortrag halte, oder auch, bevor ich in eine Verhandlung mit einem Business-Partner gehe, ziehe ich mich kurz zurück und fahre einmal ganz bewusst runter. Das dauert nur etwa fünf bis fünfzehn Minuten. Dann hole ich meine Kopfhörer raus und höre zum Beispiel Entspannungsmusik und atme tief oder ich mache eine Meditation. Das ist überhaupt nicht schwer, es gibt inzwischen unendlich viele Apps mit geführ-

ten Meditationen, die du dir auf dein Handy laden kannst. Wenn ich nicht so viel Zeit habe, mache ich wenigstens eine kurze Atemübung. Sobald ich dann ganz entspannt bin und meine Gedanken sich beruhigt haben, denke ich entweder ganz bewusst an meine Autosuggestionen, die ich mir zur Erreichung meines Ziels gebaut habe, oder ich denke daran, welches positive Resultat die bevorstehende Situation haben wird. Manchmal sehe ich das positive Resultat bildlich vor mir, oft konzentriere ich mich aber auch einfach auf das gute Gefühl, das ich haben werde, weil alles perfekt läuft. Mit der bildlichen Vorstellung kann es nämlich schwierig werden, wenn ich etwa nicht genau weiß, wie es im TV-Studio aussieht, aber ein Gefühl lässt sich auch visualisieren. Aus der Ruhe heraus bist du in deiner Argumentation und in deiner Kommunikation viel stärker, als wenn du in Hektik und ganz schnell von einem Termin zum nächsten springst. In dieser Ruhe sage ich mir dann zum Abschluss immer noch: »Okay! Ich bin stark, ich ruhe in mir, ich bin ein Fels in der Brandung!« Wenn man bei sich ist und aus einer inneren Balance heraus in Situationen geht, ist man nicht nur voll fokussiert, sondern der Erfolg ist fast sicher.

Zusammenfassung der wichtigsten Punkte dieses Kapitels:

✖ Es ist normal, dass du Tage hast, an denen du weniger Enthusiasmus spürst, dich auf dein Ziel zuzubewegen.

✖ Mit den richtigen Fragen kannst du dein positives Mindset festigen und das Ruder auch an »schlechten Tagen« wieder rumreißen.

✖ Vor wichtigen Schritten solltest du zur Ruhe kommen und dich mindestens einige Minuten mit Entspannungsübungen oder Meditationen auf das gewünschte Ergebnis fokussieren.

17 ERSTE HILFE, WENN ES NICHT RUNDLÄUFT

> *»Unsere größte Schwäche liegt im Aufgeben.*
> *Der sicherste Weg zum Erfolg ist immer,*
> *es noch einmal zu versuchen.«*
> Thomas Alva Edison

Ich hatte es vorhin schon angesprochen: Auf jedem Weg liegen Steine. Manchmal sind sie klein, und du bemerkst sie kaum, weil du sofort drüber weggehst. Manchmal sind es dicke Brocken, die dich ein bisschen ins Stolpern bringen. Und hin und wieder auch richtige Felsbrocken, die – scheinbar – den weiteren Weg versperren.

Hindernisse liegen oft in der Natur einer Sache: Wenn du zum Beispiel etwas Neues lernst, wie eine Sportart oder eine Sprache, kannst du nicht erwarten, dass die neue Fähigkeit per Fingerschnipsen in deinen Kopf springt. Du musst üben. Ausprobieren. Weiterüben. Korrigieren. Und wieder üben. Nicht ein Mal. Nicht zwei Mal. Hunderte von Malen. Da mache ich dir keine Illusionen. Das kann anstrengend sein, ja. Und es kann sein, dass du das mühsam findest. So als müsstest du ständig die Steine einer ganzen Kiesgrube aus dem Weg schaufeln. Aber wenn du dein Ziel erreichen willst, musst du da durch. Der Schlüssel ist auch hier: dranbleiben, dich selbst motivieren, immer wieder. Dafür habe ich dir bereits supereffektive Tools vorgestellt. Wenn du wirklich willst, schaffst du das auch. Und du wirst dafür belohnt! Wenn du nur dranbleibst, wird es bald einfacher. Dann hast du die ersten Routinen entwickelt. Und plötzlich kannst du etwas Neues und dein Gehirn schüttet Glückshormone aus. Du hast etwas gelernt.

Ich will dich ermutigen, nicht die Flinte ins Korn zu werfen, wenn es schwierig wird. Sagen wir, du hast beschlossen, dass du gerne Klavierspielen lernen möchtest. Dein Nachbar klimpert wie Mozart persönlich, du aber hast gerade erst mit den Klavierstunden angefangen und dir tun eigentlich vor allem die Finger weh, und du kriegst mit Mühe den Flohwalzer hin. Da schleicht sich vielleicht der Gedanke ein, dass dir das Talent fehlt, mit dem dein Nachbar reichlich übergossen wurde. Sicher: Wenn du keine Lust mehr hast, dann lass es eben sein und mach etwas anderes. Aber wenn du wirklich Klavierspielen lernen willst und es nur deswegen aufgibst, weil du *glaubst*, dass dir die Voraussetzungen fehlen, dann sage ich: »Bullshit!« In diesem Fall glaubst du an äußere Umstände, nicht an dich selbst. Du wirst gelebt, statt selbst zu bestimmen. Ich verspreche dir: Du kannst nahezu alles lernen, wenn du wirklich willst und genügend Zeit und Engagement investierst. Du weißt doch gar nicht, wie viele Stunden seines Lebens dein Nachbar mit Üben verbracht hat, bevor er es konnte. Denk an den Führerschein, den fast alle machen, auch wenn einige mehr Talent an den Tag legen als andere. Der Wille zählt.

Aber ich gebe zu: Wenn du dir die Lebensläufe von erfolgreichen Leuten anguckst, dann sieht das oft so aus, als würde ein Erfolg dem nächsten die Klinke in die Hand geben. Auch ich werde von außen oft so gesehen. Vor Kurzem hatte ich zum Beispiel ein Interview für ein Männermagazin. Der Journalist meinte: »Detlef, deine Karriere ist so krass, du hast mehr als 25 Fernsehshow-Staffeln gemacht in den letzten zehn Jahren. Und du bist so erfolgreich, erst mit Tanzen und mit Shows und mit Casting, dann mit dem Abnehmen und deinen Fitness-Produkten, jetzt mit Motivation und Life-Coaching. Wie schaffst du das?« Dieser Journalist sah, wie die meisten Leute, nur die Erfolge. Die meisten Menschen schauen nicht darauf, wie oft man scheitern musste, wie oft man Niederlagen einstecken musste, wie oft man Fehler gemacht hat, um dann am Ende Erfolg zu haben. Dabei hatte ich nicht nur den Tiefpunkt im Schuldental, aus dem ich mich rausgezogen habe. Ich hatte im Laufe der Zeit unzählige Ideen, die nicht funktioniert haben. Wie alle anderen bin ich immer wieder mal vor die Wand gefahren. Das gehört dazu. Entscheidend ist, dann die richtigen Entscheidungen zu treffen, sich nicht entmutigen zu lassen – und weiterzumachen.

Darum empfehle ich dir, Biografien erfolgreicher Leute zu lesen. Die sind nämlich meistens etwas ausführlicher als das, was man in der Presse liest. Du wirst niemanden finden, der nicht Krisen und Rückschläge meistern musste, und kannst aus der Art und Weise, wie diese Menschen Hindernisse überwunden haben, Motivation und Mut für deine eigenen Vorhaben ziehen.

DIE RICHTIGEN FRAGEN HELFEN DIR ÜBER DIE HÜRDE

Es ist im Leben einfach so: Manchmal geht etwas schief. Oder es scheint zumindest so. Etwas funktioniert nicht wie gedacht. Nehmen wir mal an, dein Traum war es, eine Gärtnerei zu eröffnen. Das hast du getan, sie ist richtig toll geworden. Du wähnst dich also am Ziel. Das Problem: Kaum einer kommt. Du hast keine Kunden. Bisher hast du nur ein paar Stiefmütterchen und einen Buchsbaum verkauft.

Jetzt hast du mehrere Möglichkeiten.

Du kannst sagen: »Okay, es hat nicht sollen sein, ich bin halt kein Geschäftsmann oder keine Geschäftsfrau.« Dann machst du den Laden dicht, verkaufst alles und legst das Projekt »Gärtnerei« als gescheitert zu den Akten. Dumm gelaufen.

Du kannst die Sache aber auch komplett anders sehen: Du stellst ganz nüchtern fest, dass du dein Stretch Goal – eine gut gehende Gärtnerei – noch nicht erreicht hast. Gleichzeitig stellst du fest, dass du auf dem Weg dorthin schon ziemlich weit gekommen bist: Du hast eine Gärtnerei! Yeah! Ein Riesen-Etappenerfolg! Du hast deinen Weg zum Ziel also zu mindestens 75 Prozent zurückgelegt. Aus dieser Perspektive wäre es doch total bescheuert, ausgerechnet jetzt aufzugeben, oder? Dann guckst du, was noch fehlt. Das ist ganz klar der Zusatz »gut gehend«. Anschließend kannst du die Fragen stellen, die du schon vom Stretch Goal her kennst:

Wie könnte es funktionieren?
Was muss ich tun oder ändern, damit es klappt?

Und natürlich die ultimative Erfolgsfrage (siehe Kapitel zehn):

Was kann ich den anderen – meinen Kunden – geben, was diesen nützt?

Schon hast du deinen Fokus auf Lösungen gerichtet. Vor allem die letzte Frage kann dir helfen, deine Nische zu finden, die dich von anderen Gärtnereien unterscheidet. So wie Igvar Kamprad die Idee hatte, auf zusammenfaltbare Möbel zu setzen, braucht jedes Business eine Besonderheit. Vielleicht kommst du auf die Idee, im Gewächshaus zusätzlich ein Café einzurichten, in dem am Wochenende auch Konzerte gegeben werden. Oder du gibst Gärtner-Workshops. Vielleicht hast du Platz für eine Spielecke, um Eltern anzuziehen, die ihren Garten im Neubaugebiet nebenan begrünen wollen. Vielleicht kannst du einen YouTube-Channel einrichten, auf dem du Gärtner-Tipps gibst. Das Zubehör gibt's – klar – in deiner Gärtnerei. Vielleicht hast du den Einfall, zusätzlich einen Versand anzubieten. Oder du bietest ein Coaching im eigenen Garten deiner Kunden an. Es gibt unendlich viele Möglichkeiten. Du musst nur die richtigen Fragen stellen. Wenn es dann trotzdem nicht funktioniert, kannst du immer noch entscheiden, nicht mit dieser Idee weiterzumachen. Das ist kein Scheitern! Sondern du hast unglaublich viel gelernt. Viel mehr als dir irgendein Kurs vermitteln könnte – und beim nächsten Mal wirst du viele Fehler garantiert nicht mehr, machen. Die meisten Gründer haben erst mehrere Ideen ausprobiert, bevor sie eine gefunden haben, die für sie funktioniert. Das steht nur nie irgendwo.

Die Wahrscheinlichkeit, dass es funktioniert, sobald du deinen USP, deinen *Unique Selling Point* – dein Alleinstellungsmerkmal –, gefunden hast, der deinen Kunden etwas gibt, was sie so nirgendwo anders finden, ist aber ziemlich groß. Du wirst es nie herausfinden, wenn du es nicht ausprobierst.

Ich habe an dieser Stelle noch zwei Superübungen für dich, die deiner Problemlösungs-Vorstellungskraft auf die Sprünge helfen können. Egal, was du vorhast, und egal, wie dein Hindernis aussieht. Die Übungen funktionieren bei beruflichen Zielen ebenso wie bei sportlichen, sie helfen dir, wenn du beim Abnehmen nicht weiterkommst oder wenn du eine Non-Profit-Organisation auf die Beine stellst. Ganz einfach weil sie deinen Fokus verändern.

Übung: Der TED Talk deines Erfolgs

Du kennst bestimmt die TED Talks im Internet, das sind Vorträge von Leuten, die auf ihrem jeweiligen Gebiet Superideen gehabt haben. Der Untertitel der TED Talks lautet »ideas worth spreading«, also Ideen, die es wert sind, weitergesagt zu werden. Deine Aufgabe ist es nun, so einen TED Talk zu halten. Dazu visualisierst du erst mal, wie du es schon kennst, das Erreichen deines Ziels. Und dann schreibst du eine Rede, wie du es trotz aller Widrigkeiten an dein Ziel geschafft und wie du für sämtliche Probleme eine Lösung gefunden hast. Wenn du fertig bist mit deinem Redemanuskript, stellst du dich in selbstbewusster Haltung vor den Spiegel oder deine Handykamera und hältst deine möglichst flammende Rede. Auch wenn nur du allein diese Rede zu sehen und hören bekommst, ist der Effekt ganz sicher durchschlagend.

Übung: Was würde die Person tun, die ich gerne sein möchte?

Das ist noch so eine Power-Frage, die du dir in allen Situationen stellen kannst, in denen du das Gefühl hast, in eine Sackgasse geraten zu sein, oder wenn du nicht weißt, was du gerade machen sollst. Hast du dir vorgenommen, ein besserer Partner zu sein, dann verhindert diese Frage vielleicht einen Wutausbruch, weil die Person, die du gerne sein willst, immer besonnen und souverän reagiert. Möchtest du ein erfolgreicher Unternehmer sein, hilft dir die Frage, wie ein erfolgreicher Unternehmer denken würde.

JEDER STEIN AUF DEM WEG IST EINE CHANCE

Fehler, die du machst, und Hindernisse, die sich dir in den Weg stellen, sind nicht nur einfach lästig. Vor allen Dingen lernst du etwas daraus. Du gewinnst Erfahrung, auf die du bei zukünftigen Unternehmungen zurückgreifen kannst. Und wenn du Hindernisse überwindest, bringt dich das meistens viel weiter vorwärts, als du ohne Problem gekommen wärst. Denke noch mal an das Gärtnerei-Beispiel. Stell dir vor, die Gärtnerei liefe von Anfang an zwar nicht berauschend, sondern »ganz okay«. Dann würdest du möglicherweise nicht ins Handeln kommen, weil ja kein richtig großes Problem besteht. Ist die Gärtnerei aber von der Schließung bedroht, falls dir nicht bald etwas einfällt, dann *musst* du handeln, wenn du nicht aufgeben willst. Und dann kommen dir vielleicht genau die Ideen, die deine Gärtnerei durch die Decke gehen lassen.

Darum möchte ich dir den Tipp geben: Falls dein Vorhaben »ganz okay« läuft, gib dich damit nicht zufrieden. Tu so, als wärst du dabei, damit vor die Wand zu fahren, und entwickle neue Ideen. Mach Werbung. Suche dir Kooperationen. Damit sicherst du dir dauerhaften Erfolg. Das heißt natürlich nicht, dass du das, was funktioniert, austauschen sollst – aber kontinuierliche Verbesserung und neue Ideen, die dich im Gespräch halten, sind besonders im Business-Bereich das A und O.

DURCHHÄNGER DURCHZUSTEHEN IST EINFACHER, ALS DU DENKST

Auch das ist total menschlich: Dich verlässt zwischendurch die Lust, dein Ziel weiter zu verfolgen. Selbst mit dem gesamten Werkzeugkasten der Selbstmotivation, den ich dir im vorigen Kapitel mitgegeben habe, kriegst du vorübergehend den Hintern nicht mehr hoch. So was ist supernormal! Das kenne ich auch. Als ich abgenommen habe, knurrte mir einmal nachts so der Magen, dass ich aufgestanden bin und den kompletten Kühlschrank geplündert habe. Das ist kein Super-GAU, sondern einfach menschlich. Oft ist so was ein Zeichen, dass du dich überfordert hast. Vielleicht bist du zu ehrgeizig und in zu hohem Tempo auf dein Ziel losgestürmt und kannst dieses Tempo jetzt nicht halten. In so einem Fall: Mach mal halblang oder lege ganz einfach eine Pause ein. Erinnere dich an die Geschichte, wie ich mich bei *Dancing on Ice* nach allen Regeln der Kunst überfordert habe. Mach nicht den gleichen Fehler wie ich! Unterbreche deine Reise zum Ziel lieber ganz bewusst ein paar Tage. Selbst wenn du gerade dabei bist, abzunehmen oder für einen Marathon zu trainieren. Gönne dir diese Pause. Mache in der Zeit etwas Schönes. Tu was für dich. Am besten etwas, was du lange nicht mehr gemacht hast. Triff dich mit Freunden. Geh lecker essen. Mach einen Ausflug. Besuch deine Oma und iss mit ihr Torte. Fahr übers Wochenende in ein Spa. Whatever. Wenn dann dein Gewicht vorübergehend stagniert oder sogar um ein paar Gramm steigt – na und? Vielleicht musst du deinen Plan etwas anpassen. Möglicherweise brauchst du länger als gedacht zum Erreichen deines Zieles. Das ist total egal. Wenn du ein paar Tage später als geplant in Wettkampfform kommst – was macht das? Wenn die Alternative ist, ganz aufzugeben, dann ist es allemal eine bessere Variante, nach dieser Auszeit wieder mit frisch getankter Energie einzusteigen. Dass das so sein wird, ist sehr wahrscheinlich.

Denk immer dran: *Du entscheidest,* ob du die Verfolgung deines Zieles endgültig aufgibst. Es liegt immer in deiner Hand. Solange du wieder anfängst, ist alles noch drin. Und solltest du nach deiner Pause immer noch denken, dass du nicht mehr weitermöchtest – kein Problem! Dann entscheide mit klarem Kopf, dass du dieses Ziel nicht mehr erreichen *willst.* Das ist nie ein Scheitern. Sondern ein bewusster Entschluss. Gescheitert bist du erst, wenn du glaubst, dass du gescheitert bist.

Das führt mich zum nächsten Punkt:

WANN ES ZEIT IST, DAS HANDTUCH ZU WERFEN

Moment mal, hat der Detlef nicht gerade noch getönt, es sei fast immer besser, durchzuhalten? Ich verstehe, wenn dir das jetzt komisch vorkommt. Aber manchmal ist es trotzdem einfach Zeit, einen Schlusspunkt hinter etwas zu setzen. Das kann eine kaputte Beziehung sein oder eine Business-Idee, die wirklich nicht funktioniert hat. Oft betrifft es aber auch nur Teilbereiche einer Idee, von denen man sich trennen sollte, um Energie frei zu machen für das, was funktioniert. Du kennst sicher den Spruch: »Von einem toten Pferd sollte man absteigen.« So ist es. Aber auch dieses »Scheitern« ist eine Gelegenheit, daraus zu lernen und Fehler nicht zu wiederholen.

Meine Frau Kate und ich haben zum Beispiel jahrelang sehr erfolgreich über einen Homeshopping-Kanal Fitness-DVDs verkauft. Eines Tages merkten wir, dass die

Umsätze stark zurückgingen. Unser Produkt hatte das Alleinstellungsmerkmal verloren, es gab zu viele vergleichbare. Teilweise waren die sogar von uns selbst produziert, wir haben uns also sozusagen selbst kannibalisiert. In so einem Moment muss man wieder bereit sein für eine ehrliche Standortbestimmung und von da aus entscheiden, wie es weitergeht. Da nützt es nichts, sich zu sagen: »Aber das war doch früher so eine tolle Cashcow.« In so einem Fall muss man aufpassen, dass man nicht Ewigkeiten in die falsche Richtung rennt, die früher mal richtig war, aber eben heute nicht mehr. Bedingungen ändern sich, die Möglichkeiten ändern sich und damit auch die Erfolge. Es ist wichtig, immer mal wieder zu überprüfen: Ist das hier noch das, was ich machen kann, was ich machen will und was ich machen sollte? Kate und ich haben die Konsequenzen gezogen und den Verkauf über den Homeshopping-Kanal eingestellt. Umso besser können wir uns jetzt auf das konzentrieren, was super funktioniert.

Zusammenfassung der wichtigsten Punkte dieses Kapitels:

✖ Hindernisse und Durchhänger auf dem Weg sind normal.

✖ Mit den richtigen Fragen lassen sich fast alle Hindernisse überwinden und Pläne verbessern.

✖ Es gibt kein Scheitern, solange du nicht glaubst, gescheitert zu sein. Du entscheidest.

✖ Prüfe in regelmäßigen Abständen, welche Bereiche funktionieren und welche nicht. Überlege, ob du etwas ändern kannst, damit Dinge wieder in Gang kommen.

✖ Was längerfristig nicht funktioniert, solltest du bewusst aufgeben, um Energie für anderes frei zu machen.

STEP 5

DEIN ERFOLG

18 WILLKOMMEN AM ZIEL – UND AUF ZU NEUEN UFERN!

> *» Sobald man ein Ziel erreicht hat,*
> *sollte man sich auf das nächste Ziel fokussieren,*
> *statt sich einfach zurückzulehnen und sich*
> *damit zufriedenzugeben. «*
> LL Cool J

Gut möglich, dass ich dich jetzt schon beglückwünschen kann: Wow! Du hast es geschafft! Du hast dein Ziel erreicht! Das ist eine Superleistung, auf die du stolz sein kannst – und solltest. Feiere dich. Hol den Champagner raus. Lade dein Peer Team ein zur großen Party. Du hast es dir verdient. Du winkst ab? Du bist noch unterwegs? Kein Problem! Dann genieße weiter den Weg, vergiss nicht, Spaß zu haben, Pausen zu machen und auch deine Etappensiege gebührend zu würdigen. Vielleicht ist dein Ziel auch sowieso keines, das du tatsächlich erreichen und abhaken kannst, sondern du hast eine Vision, die dich begleitet, so wie Ingvar Kamprad seine Vision vom Möbelhaus für alle hatte, die ihm sein ganzes Leben lang beruflich Orientierung gegeben hat.

DU BESTIMMST, WAS ERFOLG IST

Ich hatte schon erwähnt, dass es Studien zufolge im Schnitt 66 Tage dauert, bis du eine neue Gewohnheit etabliert hast. Anders gesagt: bis du etwas Neues gelernt hast. Bis du mit einer neuen Idee, einem neuen beruflichen Projekt, Erfolg hast, dauert es im Schnitt 10.000 Stunden, die du an Arbeit investieren musst. Bei einer 40-Stunden-Woche und drei Wochen Urlaub im Jahr ist das die Arbeitszeit aus ungefähr fünf Jahren. Meistens sind das fünf Jahre voller Herausforderungen. Aber wenn du am Ball bleibst, kontinuierlich checkst, was funktioniert und was nicht, und deinen Plan für den Weg ans Ziel flexibel anpasst, ist dir der Erfolg so gut wie sicher. Beharrlichkeit, gepaart mit klugen Entscheidungen, zahlt sich aus. So gut wie immer.

Vielleicht findest du jetzt, dass fünf Jahre nach ziemlich viel Zeit klingt. Dann darfst du hier nicht vergessen: Der Erfolg, den die Wissenschaftler gemessen haben, ist ein nach außen hin sichtbarer Erfolg, der sich in Umsätzen, schwarzen Zahlen auf dem Konto und in Bekanntheit misst.

Erfolg ist aber nicht nur das, sondern bedeutet viel, viel mehr. Erfolg ist für jeden Menschen etwas anderes. Für den einen ist es ein Supererfolg, wenn die im Frühjahr ausgesäten Samen zu Rucola und Tomaten heranwachsen, die im Sommer als Salate auf dem Teller landen. Für den Nächsten ist es ein Erfolg, wenn er mit einer Beziehungskrise so konstruktiv umgeht, dass die Liebe hinterher fester ist als je zuvor. Noch einer hat einen Kurs in Drohnen-Fotografie gemacht, und dieses Ding zu steuern und dann auch noch schöne Fotos zu machen ist für ihn ein Supererfolg. All das wird von keiner Studie gemessen, aber es ist trotzdem Erfolg. Total real.

Darum: Mach dich nicht zum Sklaven von »objektiver« Messbarkeit. Das, was *du* für Erfolg hältst, das ist auch einer.

ERST HINDERNISSE BRINGEN DAS GLÜCK

Was ich dir in diesem Buch außerdem mitgeben möchte: Ein Weg zum Erfolg ist ganz selten linear, sondern fast immer wellenförmig, es geht auf und ab. Du marschierst nicht einfach so bis zum Ziel durch, sondern du musst dich anstrengen und wirst auf Hindernisse treffen. Mal gibt es Tage, da läuft es richtig super, und dann gibt es Tage, da läuft es nur so mittel. Aber die Summe der Tage ergibt zum Schluss trotzdem das Erreichen des Zieles. Darüber solltest du dir im Klaren sein. Beim Abnehmen wirst du Tage haben, an denen du nicht mehr weitermachen willst. Oder an denen du heißhungrig ein Stück Kuchen runterschlingst. Möchtest du kontaktfreudiger werden, erlebst du vielleicht rabenschwarze Tage, an denen du nicht in der Lage bist, die Leute anzulächeln, und an denen du nur zu Hause bleiben willst. Das ist dann eben so, aber es bedeutet nicht, dass du dein Ziel nicht erreichst. So was passiert. Das ist in Ordnung. Alles, was dann zu tun ist, sobald du wieder so weit bist: aufstehen, Staub abklopfen, Krone richten und weitermachen. Das Einzige, was dich wirklich daran hindert, dein Ziel zu erreichen, ist, wenn du aufgibst. Solange das nicht passiert, ist alles in Ordnung.

Mein Tipp: Betrachte Hindernisse und Anstrengungen als Glücksbringer. Wie ich das meine? Ist doch klar: Wenn du etwas tust, was du sowieso aus dem Effeff beherrschst, wie soll das dann ein Erfolg sein? Erst dann, wenn du stolz auf dich sein kannst, weil du dich aus deiner Komfortzone herausgewagt hast, um etwas Neues auszuprobieren oder ins Laufen zu bringen, schüttet dein Gehirn Glückshormone aus. Auch aus dieser Perspektive ist jedes Problem ein Geschenk, das dich mit Glück belohnt, wenn du es überwunden hast.

DEIN ERFOLG IST GANZ ALLEIN DEIN VERDIENST

Sobald du dein Ziel oder ein Etappenziel erreicht hast, mach dir bitte bewusst, dass du es bist, der diesen Erfolg erreicht hat. Du ganz allein. Niemand anders. Deine Erfolge sind der Beweis dafür, dass du schaffen kannst, was du dir vorgenommen hast. Sie sind dir nicht irgendwie passiert, sondern du hast sie angeschoben und umgesetzt. Du hast dir damit selbst bewiesen, dass nicht die Umstände oder andere Menschen über dein Leben bestimmen, sondern deine Erfolge waren und sind die logischen Konsequenzen deines Handelns. Wenn du das begreifst, hast du eine internale Kontrollüberzeugung, im Gegensatz zu einer externalen Kontrollüberzeugung, wenn man sich als Spielball äußerer Gegebenheiten empfindet. Eine internale Kontrollüberzeugung, darum ging es ja schon in Kapitel zwei, ist sehr, sehr wichtig, um dein Leben selbst zu gestalten. Du kannst dir also nicht oft genug vor Augen führen, dass du die Fäden in der Hand hältst. Wie du das am besten machst? Indem du dir gleich das nächste Ziel vornimmst! Worauf wartest du? Scheiß drauf, mach's einfach!

EIN ERFOLG MOTIVIERT DEN NÄCHSTEN

Jeder Erfolg trägt eine Menge Energie in sich. Das spürst du, weil es unglaublich beflügelt, etwas Schwieriges bewältigt zu haben. Diesen Moment darfst und solltest du unbedingt genießen. Aber lass ihn dann nicht verpuffen, sondern nutze ihn, um einen Kickstart auf dem Weg zum nächsten Ziel hinzulegen. Jetzt ist der Zeitpunkt gekommen, zurückzugehen zu deiner Vorhaben-Liste aus Kapitel vier. Dort

kannst du mit Genugtuung den ersten Punkt abhaken –
jetzt ist der nächste dran.

Ich wünsche dir viel Spaß dabei und hoffe sehr, dass dir
dieses Buch auch beim Erreichen deines nächsten Ziels ein
wertvoller Helfer ist.

Zusammenfassung der wichtigsten Punkte dieses Kapitels:

✘ Erfolg ist individuell, du entscheidest darüber, was für dich
unter diesen Begriff fällt.

✘ Nur wenn du Hindernisse überwindest, reagiert dein Gehirn mit der Ausschüttung von Glückshormonen. Und nur
durch überwundene Hindernisse wird ein Erfolg ein Erfolg.

✘ Du bist für deinen Erfolg verantwortlich, niemand sonst.

✘ Jeder Erfolg gibt dir Power – nutze sie, um direkt dein
nächstes Ziel anzugehen.

LITERATURVERZEICHNIS

Die fett gedruckten Bücher sind meine Empfehlungen zum Weiter-
lesen:

Achor, Shawn: *The Happiness Advantage: The seven principles of positive psychology that fuel success and performance at work.* Virgin
Books 2011.

Alam, Murad; Barrett, Karen C. et al.: *Botulinum toxin and the facial
feedback hypothesis: can looking better make you feel happier?* In:
Journal of the American Academy of Dermatology, Vol. 58, Nr. 6,
2008; doi: http://dx.doi.org/10.1016/j.jaad.2007.10.649

Becker, Jan. *Du kannst schaffen, was du willst. Die Kunst der Selbst-
hypnose.* Piper 2015.

**Bettger, Frank: *Lebe begeistert und gewinne. Das Erfolgsbuch für Ver-
käufer.* Oesch 2018**

Bolier, L.; Havermann, M. et al.: *Positive psychology interventions:
a metaanalysis of randomized controlled studies.* In BMC Public
Health, 2013; doi: 10.1186/1471-2458-13-119

Brandhorst, Sebastian; Choi, In Young et al.: *A periodic diet that
mimics fasting promotes multi-system regeneration, enhanced
cognitive performance and healthspan.* In: Clinical and Trans-
lational Report, Vol. 22, Nr. 1, 2015: doi: https://doi.org/10.1016/
j.cmet.2015.05.012

Brioli, Pablo; Petty, Richard E. et al: *Body posture effects on self-eva-
luation: A self-validation approach.* In: European Journal of Social
Psychology, Nr. 39, 2009; doi: 10.1002/ejsp.607

**Carnegie, Dale: *Wie man Freunde gewinnt. Die Kunst, beliebt und ein-
flussreich zu werden.* Fischer 2018.**

Coué, Emile: *Autosuggestion. Wie man die Herrschaft über sich selbst
gewinnt.* AT Verlag 2012.

Cuddy, Amy J.C., Wilmuth, Caroline A. et al.: *The benefit of power posing before a high-stakes social evaluation.* Harvard Business School Working Paper, No. 13–027, 2012

Delgado, Mauricio R.; Nystrom, Leigh E. et al.: *Tracking the hemodynamic responses to reward and punishment in the striatum.* In: Journal of Neurophysiology, Vol. 84, Nr. 6, 2000; doi: 10.1152/jn.2000.84.6.3072

Delgado, Mauricio R.; Gillis, M. Meredith et al.: *Regulating the expectation of reward via cognitive strategies.* In: Nature Neuroscience, Vol. 11, Nr. 8, 2008; doi: 10.1038/nn.2141

Diener, Ed; Tay, Louis: *Subjective well-being and human welfare around the world as reflected in the Gallup World Poll.* In: International Journal of Psychology, Vol. 50, Nr. 2, 2015; doi: https://doi.org/10.1002/ijop.12136

Dispenza, Joe: *Du bist das Placebo. Bewusstsein wird Materie.* Koha 2018.

Dispenza, Joe: *Ein neues Ich. Wie Sie Ihre gewohnte Persönlichkeit in vier Wochen verwandeln können.* Koha 2019.

Duhigg, Charles: *Die Macht der Gewohnheit.* Berlin Verlag 2012.

Duhigg, Charles: *Smarter. Schneller. Besser.* Redline 2017.

Emmons, Robert A.; Shelton, C.S.: *Gratitude and the science of positive psychology.* In: C.R. Snyder; Lopez S.J.: Handbook of positive psychology, Oxford University Press 2002.

Gladwell, Malcolm. *Outliers. The story of success.* Back Bay Books 2009.

Golec de Zavala, Agnieszka; Lantos, Dorottya et al.: *Yoga poses increase subjective energy and state self-esteem in comparison to ›Power Poses‹.* In: Frontiers in Psychology, Nr. 8–752, 2017.

Hayden, Gene C.: *Bleib dran, wenn dir was wichtig ist.* dtv 2009 (Thema Durchhalten und Motivation).

Heckhausen, Heinz; Gollwitzer, Peter M.: *Thought contents and cognitive functioning in motivational versus volitional states of mind.* In: Motivation and Emotion. Vol. 11, Nr. 2, 1987 doi:10.1007/BF00992338

Hill, Napoleon: *Think and grow rich.* Capstone 2009.

Hintsa, Aki; Saari Oskari: *The core. Better life, better performance.* Wsoy 2015.

Höge, Thomas; Schnell, Tatjana: *Kein Arbeitsengagement ohne Sinnerfüllung. Eine Studie in Zusammenhang von Work Engagement,*

Sinnerfüllung und Tätigkeitsmerkmalen. In: Wirtschaftspsychologie, Nr. 1, 2012.

Hüther, Gerald; Müller, Sven-Ole; Bauer, Nicole: *Wie Träume wahr werden. Das Geheimnis der Potentialentfaltung.* **Goldmann 2018.**

Kappes, Andreas; Oettingen, Gabriele: *The emergence of goal pursuit: Mental contrasting connects future and reality.* In: Journal of Experimental Psychology, Vol. 54, Nr. 9, 2014.

Kerr, Steven; Landauer, Steffen: *Using stretch goals to promote organizational effectiveness and pesonal growth: General Electric and Goldman Sachs.* In: Academy of Management Executive, Vol. 18, Nr. 4, 2004.

Kettle, Keri L.; Häubl, Gerald: The signature effect: Signing influences consumption-related behavior by priming self-identity. In: Journal of Consumer Research, Vol. 38, Nr. 3, 2011 doi: https://doi.org/10.1086/659753

Lally, Philippa; Van Jaarsveld, Cornelia H. M. et al.: *How are habits formed: modelling habit formation in the real world.* In: European Journal of Social Psychology, Vol. 40, Nr. 6, 2009; doi: doi.org/10.1002/ejsp.674

Latham, Gary P.; Terence R. Mitchell et al.: *Importance of participative goal setting and anticipated rewards on goal difficulty and job performance.* In: Journal of Applied Psychology, Vol 63, Nr. 2, 1978.

Leotti, Lauren A.; Iyengar, Sheena S. et al.: *Born to choose: the origins and value of the need for control.* In: Trends in Cognitive Sciences, Vol. 14, Nr. 10, 2010; doi: 10.1016/j.tics.2010.08.001

Locke, Edwin A.; Gary P. Latham (Hg.) *New developments in goal setting and task performance.* Routledge 2013.

Minvaleev, R.S.; Nozdrachev, A.D. et al.: *Postural influences on the hormone level in healthy subjects.* In: Human Physiology, Vol. 30, Nr. 4, 2004; doi: doi.org/10.1023/B:HUMP.0000036341.80214.28

Neal, David T.; Chartrand, Tanya L.: *Embodied emotion perception: Amplifying and dampening facial feedback modulates emotion perception accuracy.* In: Social Psychological and Personality Science, Vol. 2, Nr. 6, 2011.

Newberg, Andrew; Waldman, Mark Robert: *Words can change your brain.* Penguin 2014.

Oettingen, Gabriele: *Die Psychologie des Gelingens.* **Droemer 2017.**

Pink, Daniel H.: *Drive. Was Sie wirklich motiviert.* **Ecowin 2010.**

Philippot, Pierre; Gaëtane Chapelle et al.: *Respiratory feedback in the generation of emotion*. In: Cognition and Emotion, Vol. 16, Nr. 5, 2002; doi: doi.org/10.1080/02699930143000392

Riskind, John H.; Gotay, Carolyn C.: *Physical posture: Could it have regulatory or feedback effects on motivation and emotion?* In: Motivation and Emotion, Vol. 6. Nr. 3.

Robbins, Anthony: *Das Prinzip des geistigen Erfolgs*. Ullstein 2018.

Robbins, Anthony: *Das Robbins Power Prinzip*. Ullstein 2019.

Saddawi-Konefka, Daniel; Baker, Keith et al.: *Changing resident physician studying behaviors: A randomized, comparative effectiveness trial of goal setting versus use of WOOP*. In: Journal of Graduate Medical Education, Vol. 9, Nr. 4 doi: doi.org/10.4300/JGME-D-16-00703.1

Seligman, M.E.P.; Steen, T.A. et al.: *Positive psychology progress: Empirical validation of interventions*. In: American Psychologist, Vo. 60, Nr. 5, 2005.

Sher, Barbara; Smith, Barbara: *Ich könnte alles tun, wenn ich nur wüsste, was ich will*. Dtv 2011.

Shu, Lisa L.; Mazar, Nina et al.: *Signing at the beginning makes ethics salient and decreases dishonest self-reports in comparison to signing at the end*. In: Proceedings of the National Academy of Sciences, Vol. 109, Nr. 38, 2012 doi: doi.org/10.1073/pnas.1209746109

Sitkin, Sim B.; See, Kelly E. et al: *The paradox of stretch goals: Organizations in pursuit of the seemingly impossible*. In: Academy of Management Review, Vol. 26, Nr. 3, 2011.

Soost, Detlef: *Be your best. Dein starker Körper. Dein klarer Kopf. Dein Hammerleben*. Gräfe und Unzer 2018.

Soost, Detlef: *Heimkind – Neger – Pionier. Mein Leben*. Rororo 2006.

Stocks, Alexandra; April, Kurt A. et al.: *Locus of control and subjective well-being: a cross-cultural study*. In: Problems an Perspectives in Management, Vol. 10, Nr. 1, 2012.

Streeter, Chris; Gerbarg, L. Patricia et al.: *Effects of yoga on thalamic gamma-aminobutyric acid, mood and depression: Analysis of two randomized controlled trials*. In: Neuropsychiatry, Vol. 8, Nr. 6, 2018.